GRANDS TEXTES
de la littérature québécoise

Collection sous la direction de
François Hébert

Le Vaisseau d'Or

et autres poèmes

ÉMILE NELLIGAN

D1288237

Textes explicatifs et appareil
pédagogique établis par
LUC BOUVIER,
professeur de français
au Collège de l'Outaouais

CEC
LES ÉDITIONS CEC INC.

Directeur de l'édition
Alexandre Stefanescu

Directrice de la production
Lucie Plante-Audy

Chargée de projet
Nicole Beaugrand Champagne

Lecture d'épreuves
Raymonde Abenaim

Réalisation graphique
Typo Litho Composition

Page couverture
Conception et réalisation graphique : Michel Allard

Ont collaboré au choix des poèmes :
François Hébert, professeur de littérature à l'Université de
Montréal, Max Roy, professeur de littérature à l'UQAM et
Nathalie Watteyne, professeure de français au collège de
l'Outaouais.

Les bandeaux illustrant *Le Vaisseau d'Or et autres poèmes*
proviennent de l'édition originale *Émile Nelligan et son œuvre*
publiée en 1904 par Louis Dantin.

© 1997, Les Éditions CEC inc.
8101, boul. Métropolitain Est
Anjou (Québec) H1J 1J9
Tél. : 514-351-6010

Dépôt légal : 3e trimestre 1997
Bibliothèque nationale du Québec
Bibliothèque nationale du Canada

ISBN 2-7617-1302-8

Imprimé au Canada
  3 4 5   01

TABLE DES MATIÈRES

L'AVIS D'UN CONNAISSEUR

Émile Nelligan fait entrer la poésie québécoise dans une ère nouvelle. Grâce à lui, la poésie trouve sa propre voix, elle acquiert son autonomie et sa liberté. Non seulement le poète nous affranchit des thèmes traditionnels du terroir – « Quel délassement ce fut lorsque Nelligan, en vers, voulut bien nous parler d'une négresse », écrit Marcel Dugas –, mais il apporte un son nouveau, une fraîcheur inédite, une sensibilité rêveuse et mélancolique, traversée d'inquiétude et d'angoisse. La magie des mots et du vers, l'allégorie et l'oxymore libèrent le poème de la philosophie morale qui, jusque-là, exerçait sa domination sur la littérature. Nelligan est une sorte de provocateur ; à la manière de Baudelaire, il déconstruit les certitudes, introduit le trouble et le doute dans les visions établies. Ses « anges noirs », son « prêtre fou » sont les figures emblématiques d'un ébranlement des convenances et des croyances.

La poésie n'a pas précipité Nelligan dans la folie, comme on l'a parfois laissé croire, au contraire c'est elle qui a fait reculer la maladie. Nelligan a dû composer et négocier avec la déraison, l'affronter et lutter pour lui arracher une œuvre qui demeure une éclatante victoire contre le malheur. Même vaincu et terrassé, l'homme a continué d'écrire comme l'attestent les *Poèmes et textes d'asile, 1900-1941*. En récrivant les pièces qui ont fait sa gloire, Nelligan a ajouté un codicille à son testament littéraire.

Cette poésie représente également une résistance aux mirages de la société marchande. Il ne faut pas trop s'attarder aux objets exotiques, aux « choses de Malines », aux « miroirs de Venise », aux « Vases, onyx, portraits, livres de tous formats » qui constituent le bazar familier du poète décadent. Ce ne sont là que prétextes à rêverie. L'expérience intime et personnelle les abolit. Les objets et les lieux évoqués sont vaporisés par le sentiment, par l'idée et par le regard qui les traversent. Ils servent d'abord de symboles aux désirs et aux déboires affectifs du poète. L'euphonie des mots et des noms exotiques sont des objets transitionnels dans la quête infinie du sens, dans la recherche d'une identité et dans la lutte du sujet contre le « vide affreux des choses ».

Les héritiers de Nelligan sont nombreux. Le poète a ouvert la voie à des générations d'écrivains qui ont retrouvé chez lui la force et le courage de continuer et de lutter malgré l'indifférence du milieu. Grâce à lui, ils ont pu pousser plus loin l'expérience du poème. De Guy Delahaye à Réjean Ducharme, les écrivains n'ont jamais cessé de réactualiser cette oeuvre. Au delà du mythe et de la légende, au delà de la rhétorique, à travers Nelligan et à travers eux, c'est bien la poésie qui continue d'agir et qui poursuit sa quête incessante de liberté et de rythmes nouveaux.

Jacques Michon
Université de Sherbrooke

PRÉSENTATION

ÉMILE NELLIGAN...

Quand Émile Nelligan meurt le 18 novembre 1941 à l'Hôpital Saint-Jean-de-Dieu, dans l'esprit de plusieurs il est déjà mort, depuis quarante-deux ans, soit depuis le 9 août 1899, alors que le poète, « en pleine crise », est conduit à la Retraite Saint-Benoit-Joseph-Labre. C'est entre autres l'opinion de Louis Dantin qui affirme en 1902, dans ce qui deviendra la préface à *Émile Nelligan et son œuvre* :

> Émile Nelligan est mort. Peu importe que les yeux de notre ami ne soient pas éteints, que le cœur batte encore les pulsations de la vie physique : l'âme qui nous charmait par sa mystique étrangeté, le cerveau où germait sans culture une flore de poésie puissante et rare, le cœur naïf et bon sous des dehors blasés, tout ce que Nelligan était pour nous, en somme, et tout ce que nous aimions en lui, tout cela n'est plus. La Névrose, cette divinité farouche qui donne la mort avec le génie, a tout consumé, a tout emporté. Enfant gâté de ses dons, le pauvre poète est devenu sa victime. Elle l'a broyé sans merci [...][1].

Ceux qui l'ont connu de 1896 à 1899, entre dix-sept et vingt ans, alors qu'il consacre toute son énergie à pro-

---

[1] *Émile Nelligan et son œuvre*, p. i.

duire ce qui deviendra, une « ébauche de génie » selon les termes de Dantin, ceux-là se rappellent le poète, comme se le remémore en 1904 Charles Gill, son compagnon de bohème :

> La lecture des poèmes de Émile Nelligan nous remet en mémoire son inexprimable façon de les dire, de les chanter. Chaque page le ressuscite pour ses amis. Nous le revoyions, lamartinien, svelte et droit, la tête haute, le geste large. C'étaient, à chaque rencontre, de nouvelles pièces que, très communicatif, très ouvert, il nous récitait avant même de les avoir retouchées ; encore sous le coup de l'inspiration, il n'arrêtait pas l'élan d'une belle strophe pour un vers mal ciselé, mais il en adoucissait les incorrections avec sa voix chaude, traînant sur telle syllabe pour détruire l'effet d'une chute trop rapide, ou faisant après tel mot une légère pause pour séparer deux sons qui se nuisent. Il fallait l'entendre dérouler les hémistiches sonores ! Quel enthousiasme entraînant !… Nous tous, les camarades, nous lui devons, l'un plus d'élévation, l'autre plus de musique, un autre plus de tendresse. Et puis, quel consolant, quel grand exemple au début d'une carrière d'artiste, que le spectacle de cette figure promenant un sublime désintéressement parmi tant de fourberies, d'ambitions rampantes, de trahisons, et, dans la ville pleine du bruit des écus remués, ne demandant à Dieu que la faveur de lever un front libre vers le ciel bleu, en accordant sa lyre au chant des oiseaux[2] !

Quant à ceux qui, pendant les quarante-deux années de sa réclusion, lui ont rendu visite, la plupart en gardent un triste souvenir. Clément Saint-Germain, ami et confrère de classe de Gilles Corbeil, neveu du poète, se souvient encore, cinquante-deux ans plus tard, de sa visite à Nelligan en avril 1935, en compagnie d'autres élèves du Collège Saint-Laurent.

---

[2]   « Émile Nelligan », *Le Nationaliste*, 6 mars 1904, p. 4.

[...] Nelligan est entré dans la pièce. Nous avons vu s'approcher un homme dans la cinquantaine. Il s'avançait à pas lents, les yeux au plancher, les bras ballants, dans l'attitude d'un gamin pris en défaut. Il était de stature moyenne, ni maigre ni corpulent, la barbe rasée et la chevelure – ondulée et poivre et sel – plutôt courte comme on la portait à l'époque. Il était vêtu proprement, mais sans recherche : pantalon et chemise de couleurs sombres et cravate de mêmes teintes.

L'homme s'est arrêté à une quinzaine de pas de notre cercle. Pas un mot. Alors la religieuse s'est adressée à nous : « Vous désirez qu'il vous dise un poème ? » Quelqu'un a lancé « Le Vaisseau d'Or ». Silence. La religieuse est intervenue en demandant à Nelligan de réciter le poème en question.

Il s'est exécuté d'une voix monocorde, à peine audible, aucune intonation, sans un geste, les yeux au plancher toujours. À notre demande, il a dit un autre poème. Je crois que c'était « Devant deux portraits de ma mère ». Il fut récité de la même façon que le premier. Quelqu'un a suggéré un troisième titre. La voix s'est faite de plus en plus faible de sorte que nous ne comprenions plus les paroles.

Et la conversation que nous avions espérée ? Et bien, il n'y en a pas eu. L'attitude de Nelligan nous avait convaincus qu'il n'y avait rien à tirer de cet homme, immobile devant nous et le regard continuellement à ses pieds[3].

Entre les deux, il y a la fiche signalétique de son admission à l'Hôpital Saint-Jean-de-Dieu le 23 octobre 1925, et dont les six premières réponses sont de sa main.

Nom : Émile Nelligan   État civil : célibataire
Résidence : Montréal   Religion : catholique
Âge : 44 ans   Profession : écrivain

---

[3] Lettre du 7 février 1987 à Paul Wyczynski (*Nelligan 1879-1941*, p. 501).   **9**

Taille : 5' 7 3/4"[4]   Cheveux : Grison[6]

Poids : 148[5]   N° : 18136[7].

Yeux : Bleus

Et au verso : « Démence hallucinatoire. Surmenage ».

... ET SON ŒUVRE

Dans son univers asilaire, Émile Nelligan est commis-sionnaire, reçoit les visiteurs venus voir le Poète, récite des vers, les siens et ceux des autres, les transcrit dans des carnets d'autographes devenus les manuscrits d'asile. Son œuvre, à l'image du poète interné, est sous curatelle. Dès 1902, dans *Les Débats*, Louis Dantin en fait une analyse sur laquelle la plupart des critiques s'aligneront par la suite. La mère du poète le charge ensuite de préparer une édition des poèmes de son fils. Incapable d'en terminer l'impression, c'est Charles Gill qui mène l'entreprise à terme. Ainsi paraît en 1904, chez Beauchemin, *Émile Nelligan et son œuvre*. Finalement, en 1952, Luc Lacourcière publie les *Poésies complètes 1896-1899*, première édition critique d'importance d'un écrivain québécois.

Le Vaisseau d'Or et autres poèmes reprend la structure en dix sections d'*Émile Nelligan et son œuvre* ainsi que les deux nouvelles sections de *Poésies complètes 1896-1899* :

---

[4] En pieds et pouces, équivalant approximativement à 1,70 m.

[5] En livres, équivalant approximativement à 67 kg.

[6] Grison, qui grisonne.

[7] Le chiffre représente le nombre de patients admis à l'Hôpital Saint-Jean-de-Dieu de sa fondation en 1873 au 23 octobre 1925.

« Pièces retrouvées », qui regroupent les poèmes parus du vivant de Nelligan et qui ne sont pas dans l'édition Dantin, et « Poèmes posthumes » qui sont les poèmes publiés après la mort de Nelligan.

Remarques concernant l'établissement du texte

- Le texte est conforme à l'édition critique de Luc Lacourcière, *Poésies complètes 1896-1899* : quelques rectifications sont signalées dans le *Complément pédagogique*.

- L'emploi de la majuscule dans le titre des poèmes a été normalisé. Lorsqu'un mot d'un poème est écrit avec une majuscule, celle-ci a été conservée si ce mot se retrouve dans le titre, d'où la majuscule à « Or » dans « Le Vaisseau d'Or ».

- Certains poèmes sont en italique, conformément à l'édition de Louis Dantin.

- Une numérotation a été ajoutée pour faciliter la consultation et le repérage des poèmes.

- Les mots suivis d'un astérisque* ainsi que les noms propres sont décrits dans le lexique à la fin du livre.

ATTENTION À...

- « De la musique avant toute chose » (« Art poétique »), Nelligan fait sien ce conseil de Paul Verlaine. Il y réussit grâce aux variations de longueur et de rythme du vers, aux enjambements, aux rimes, grâce aux répétitions de sons, de mots, de vers, de strophes. Pour retrouver la **musique** que Nelligan a mise dans ses poèmes, lisez-les à haute voix.

- Fortement influencé par l'école parnassienne, Nelligan y puise surtout sa **conception formelle** qui se retrouve dans la facture du poème : richesse des rimes, sonorités exotiques, rigueur de la forme.

- Mais refusant l'impassibilité parnassienne, il choisit le **lyrisme** des romantiques qui transparaît sous la forme, entre autres, d'interjections, d'exclamations, d'interrogations, de souhaits.

- Pour explorer l'au-delà des apparences, du réel, Nelligan, symboliste, utilise les **correspondances** entre le monde matériel et spirituel et entre les divers ordres de sensation (**synesthésies**), le rêve et les hallucinations.

- Chez Nelligan, les principaux thèmes s'organisent en une **constellation d'oppositions** : la jeunesse s'oppose à l'enfance ; espoir et bonheur s'inversent en désespoir et malheur ; la femme est tour à tour ange et démon ; les anges se métamorphosent en anges maudits ; la matière empêche d'atteindre l'Idéal.

En bref

Sa vie	Son œuvre	À lire
• Naissance le 24 décembre 1879 à Montréal. • En mars 1897, départ du Collège Sainte-Marie sans avoir terminé sa syntaxe.		• *Émile Nelligan et son œuvre*, 1904*. • *Poésies complètes 1896-1899*, 1952. • *Poèmes et textes d'asile 1899-1941*, 1991.
	• Avant le 9 août 1899, écriture de ses poèmes.	
• Internement à la Retraite Saint-Benoit-Joseph-Labre (9 août 1899).		
	• Après le 9 août 1899, transcription de poèmes, les siens et ceux des autres.	
• Transfert à l'Hôpital Saint-Jean-de-Dieu (23 octobre 1925).		
• Mort le 18 novembre 1941 à l'Hôpital Saint-Jean-de-Dieu.		

---

* Les retards encourus (voir p. 176) expliquent que, sur la page de titre reproduite à la page 16, la date soit 1903.

Manuscrit du « Vaisseau d'Or » daté du 4 mars 1912.

LE VAISSEAU D'OR
et autres poèmes

Emile Nelligan

et son Œuvre

Montréal, 1903

Page de titre de l'édition de Louis Dantin. Prévue pour 1903, cette première édition ne parut finalement qu'en février 1904.

I L'ÂME DU POÈTE[1]

I.1 Clair de lune intellectuel

Ma pensée est couleur de lumières lointaines,
Du fond de quelque crypte* aux vagues profondeurs.
Elle a l'éclat parfois des subtiles verdeurs
D'un golfe où le soleil abaisse ses antennes.

5 *En un jardin sonore, au soupir des fontaines,*
Elle a vécu dans les soirs doux, dans les odeurs ;
Ma pensée est couleur de lumières lointaines,
Du fond de quelque crypte aux vagues profondeurs.

Elle court à jamais les blanches prétentaines*,
10 *Au pays angélique où montent ses ardeurs,*
Et, loin de la matière et des brutes laideurs,
Elle rêve l'essor aux célestes Athènes*.

Ma pensée est couleur de lunes d'or lointaines.

---

[1] Seule section dont le titre n'est pas de Nelligan. Dantin y a réuni « trois morceaux, jetant un jour plus intime sur [l]a personnalité » du poète (Lettre à Olivar Asselin, 13 mai 1920).

I.2 Mon âme[1]

Mon âme a la candeur d'une chose étoilée,
        D'une neige de février…
Ah ! retournons au seuil de l'Enfance en allée,
        Viens-t-en prier…

5   Ma chère, joins tes doigts et pleure et rêve et prie,
        Comme tu faisais autrefois
Lorsqu'en ma chambre, aux soirs, vers la Vierge fleurie
        Montait ta voix.

Ah ! la fatalité d'être une âme candide
10   En ce monde menteur, flétri, blasé, pervers,
D'avoir une âme ainsi qu'une neige aux hivers
Que jamais ne souilla la volupté sordide !

D'avoir l'âme pareille à de la mousseline*
Que manie une sœur novice* de couvent,
15   Ou comme un luth* empli des musiques du vent
Qui chante et qui frémit le soir sur la colline !

D'avoir une âme douce et mystiquement tendre,
Et cependant, toujours, de tous les maux souffrir,
Dans le regret de vivre et l'effroi de mourir,
20   Et d'espérer, de croire… et de toujours attendre !

---

[1]   Dans l'exemplaire d'*Émile Nelligan et son œuvre,* que la mère du poète a
remis à Guillaume Lahaise le 9 novembre 1908, ce poème a ultérieure-
ment été dédicacé par Nelligan lui-même « à Éva Nelligan », sa sœur. Il
le transcrit dans le premier manuscrit d'asile (1929-1930).

I.3 Le Vaisseau d'Or[1]

Ce fut un grand Vaisseau taillé dans l'or massif :
Ses mâts touchaient l'azur, sur des mers inconnues ;
La Cyprine* d'amour, cheveux épars, chairs nues,
S'étalait à sa proue*, au soleil excessif.

5 Mais il vint une nuit frapper le grand écueil
Dans l'Océan trompeur où chantait la Sirène*,
Et le naufrage horrible inclina sa carène*
Aux profondeurs du Gouffre, immuable* cercueil.

Ce fut un Vaisseau d'Or, dont les flancs diaphanes*
10 Révélaient des trésors que les marins profanes*,
Dégoût, Haine et Névrose*, entre eux ont disputés.

Que reste-t-il de lui dans la tempête brève ?
Qu'est devenu mon cœur, navire déserté ?
Hélas ! Il a sombré dans l'abîme du Rêve !

---

[1] Écrit fort probablement entre mai et août 1899, « Le Vaisseau d'Or » est le plus célèbre poème de Nelligan. Il y pressent sa tragique destinée. Nelligan interné le récite régulièrement sur demande et le transcrit à plusieurs reprises, entre autres, sous les titres « Le Vaileau d'or » dans le premier manuscrit d'asile (1929-1930) – où « l'abîme du Rêve » (v. 14) devient « les racines du rêve » – et « Le Vaisseau blanche » dans le cinquième (1938).

19

Émile Nelligan enfant.

II Le Jardin de l'enfance

II.1 Clavier d'antan

Clavier vibrant de remembrance*,
J'évoque un peu des jours anciens,
Et l'Éden d'or de mon enfance

Se dresse avec les printemps siens,
5   *Souriant de vierge espérance*
Et de rêves musiciens…

Vous êtes morte tristement,
Ma muse* des choses dorées,
Et c'est de vous qu'est mon tourment ;

10   *Et c'est pour vous que sont pleurées*
Au luth* âpre de votre amant
Tant de musiques éplorées*.

II.2 Devant mon berceau[1]

En la grand'chambre ancienne aux rideaux de guipure*
Où la moire* est flétrie et le brocart* fané,
Parmi le mobilier de deuil où je suis né
Et dont se scelle en moi l'ombre nacrée* et pure,

5   Avec l'obsession d'un sanglot étouffant,
Combien ma souvenance eut d'amertume* en elle,
Lorsque, remémorant* la douceur maternelle,
Hier, j'étais penché sur ma couche d'enfant.

Quand je n'étais qu'au seuil de ce monde mauvais,
10 Berceau, que n'as-tu fait pour moi tes draps funèbres ?
Ma vie est un blason* sur des murs de ténèbres,
Et mes pas sont fautifs où maintenant je vais.

Ah ! que n'a-t-on tiré mon linceul* de tes langes*,
Et mon petit cercueil de ton bois frêle et blanc,
15 Alors que se penchait sur ma vie, en tremblant,
Ma mère souriante avec l'essaim des anges !

---

[1]   Dans l'exemplaire d'*Émile Nelligan et son œuvre*, que la mère du poète a remis à Guillaume Lahaise le 9 novembre 1908, ce poème a ultérieure- ment été dédicacé « à maman » par Nelligan lui-même.

II.3 Le Regret des joujoux[1]

Toujours je garde en moi la tristesse profonde
Qu'y grava l'amitié d'une adorable enfant,
Pour qui la mort sonna le fatal olifant*,
Parce qu'elle était belle et gracieuse et blonde.

5   Or, depuis je me sens muré contre le monde,
Tel un prince du Nord que son Kremlin défend,
Et, navré du regret dont je suis étouffant,
L'Amour comme à sept ans ne verse plus son onde*.

Où donc a fui le jour des joujoux enfantins,
10   Lorsque Lucile et moi nous jouions aux pantins*
Et courions tous les deux dans nos robes[2] fripées ?

La petite est montée au fond des cieux latents*,
Et j'ai perdu l'orgueil d'habiller ses poupées...
Ah ! de franchir si tôt le portail* des vingt ans !

---

[1]   Dans l'exemplaire d'*Émile Nelligan et son œuvre,* que la mère du poète a
remis à Guillaume Lahaise le 9 novembre 1908, ce poème a ultérieure-
ment été dédicacé par Nelligan lui-même « à Gertrudde Nelligan », sa
sœur. Dans le premier manuscrit d'asile (1929-1930), il le dédie encore
à sa sœur Gertrude, morte le 5 mai 1925.

[2]   Encore au début du XXe siècle, les garçons portaient la robe jusque vers
l'âge de six ans.

23

II.4 Devant le feu

Par les hivers anciens, quand nous portions la robe,
Tout petits, frais, rosés, tapageurs et joufflus,
Avec nos grands albums, hélas ! que l'on n'a plus,
Comme on croyait déjà posséder tout le globe !

5   Assis en rond, le soir, au coin du feu, par groupes,
Image sur image, ainsi combien joyeux
Nous feuilletions, voyant, la gloire dans les yeux,
Passer de beaux dragons qui chevauchaient en troupes !

Je fus de ces heureux d'alors, mais aujourd'hui,
10   Les pieds sur les chenets*, le front terne d'ennui,
Moi qui me sens toujours l'amertume* dans l'âme,

J'aperçois défiler, dans un album de flamme,
Ma jeunesse qui va, comme un soldat passant,
Au champ noir de la vie, arme au poing, toute en sang !

II.5 Ma mère[1]

Quelquefois sur ma tête elle met ses mains pures,
Blanches, ainsi que des frissons blancs de guipures*.

Elle me baise au front, me parle tendrement,
D'une voix au son d'or mélancoliquement.

5   Elle a les yeux couleur de ma vague chimère*,
Ô toute poésie, ô toute extase, ô Mère !

À l'autel de ses pieds je l'honore en pleurant,
Je suis toujours petit pour elle, quoique grand.

---

[1]   Dans le premier manuscrit d'asile (1929-1930), Nelligan y ajoute l'épigraphe « Ma mère a voulu garder la sainte femme », et change le vers 1 en « Quelquefois dans ses mains elle met mes mains pures » et le vers 5 en « Sur les vaisseaux du rêve au pays de chimère ».

La mère du poète,
jeune fille (BNQ).

Émilie Nelligan,
probablement dans les
années 1890 (BNQ).

II.6 Devant deux portraits de ma mère[1]

Ma mère, que je l'aime en ce portrait ancien,
Peint aux jours glorieux qu'elle était jeune fille,
Le front couleur de lys et le regard qui brille
Comme un éblouissant miroir vénitien* !

5   Ma mère que voici n'est plus du tout la même ;
Les rides ont creusé le beau marbre frontal ;
Elle a perdu l'éclat du temps sentimental
Où son hymen* chanta comme un rose poème.

Aujourd'hui je compare, et j'en suis triste aussi,
10   Ce front nimbé* de joie et ce front de souci,
Soleil d'or, brouillard dense au couchant des années.

Mais, mystère de cœur qui ne peut s'éclairer !
Comment puis-je sourire à ces lèvres fanées ?
Au portrait qui sourit, comment puis-je pleurer ?

---

[1]   Le poème daterait de la fin 1897.

II.7 Le Jardin d'antan[1]

Rien n'est plus doux aussi que de s'en revenir
Comme après de longs ans d'absence,
Que de s'en revenir
Par le chemin du souvenir
5   Fleuri de lys d'innocence,
Au jardin de l'Enfance.

Au jardin clos, scellé, dans le jardin muet
D'où s'enfuirent les gaietés franches,
Notre jardin muet
10   Et la danse du menuet*
Qu'autrefois menaient sous branches
Nos sœurs en robes blanches.

Aux soirs d'Avrils anciens, jetant des cris joyeux
Entremêlés de ritournelles*,
15   Avec des lieds* joyeux
Elles passaient, la gloire aux yeux,
Sous le frisson des tonnelles*,
Comme en les villanelles*

---

[1]   Le titre original était fort probablement « Le Jardin ancien ».

Cependant que venaient, du fond de la villa,
20   Des accords de guitare ancienne,
De la vieille villa,
Et qui faisaient deviner là
Près d'une obscure persienne*,
Quelque musicienne.

25   Mais rien n'est plus amer que de penser aussi
À tant de choses ruinées !
Ah ! de penser aussi,
Lorsque nous revenons ainsi
Par des sentes* de fleurs fanées,
30   À nos jeunes années.

Lorsque nous nous sentons névrosés* et vieillis,
Froissés, maltraités et sans armes,
Moroses et vieillis,
Et que, surnageant aux oublis,
35   S'éternise avec ses charmes
Notre jeunesse en larmes !

II.8 La Fuite de l'enfance

Par les jardins anciens foulant la paix des cistes*,
Nous revenons errer, comme deux spectres* tristes,
Au seuil immaculé de la Villa d'antan.

Gagnons les bords fanés du Passé. Dans les râles*
5   De sa joie il expire. Et vois comme pourtant
Il se dresse sublime en ses robes spectrales.

Ici sondons nos cœurs pavés de désespoirs.
Sous les arbres cambrant leurs massifs torses noirs
Nous avons les Regrets pour mystérieux hôtes.

10   Et bien loin, par les soirs révolus et latents*,
Suivons là-bas, devers* les idéales côtes,
La fuite de l'Enfance au vaisseau des Vingt ans.

II.9 Ruines

Quelquefois je suis plein de grandes voix anciennes,
Et je revis un peu l'enfance en la villa ;
Je me retrouve encore avec ce qui fut là
Quand le soir nous jetait de l'or par les persiennes*.

5   Et dans mon âme alors soudain je vois groupées
Mes sœurs à cheveux blonds jouant près des vieux feux ;
Autour d'elles le chat rôde, le dos frileux,
Les regardant vêtir, étonné, leurs poupées.

Ah ! la sérénité des jours à jamais beaux
10   Dont sont morts à jamais les radieux flambeaux,
Qui ne brilleront plus qu'en flammes chimériques* :

Puisque tout est défunt, enclos dans le cercueil,
Puisque, sous les outils des noirs maçons du Deuil,
S'écroulent nos bonheurs comme des murs de briques !

II.10 Les Angéliques[1]

Des soirs, j'errais en lande* hors du hameau* natal,
Perdu parmi l'orgueil serein des grands monts roses,
Et les Anges, à flots de longs timbres* moroses,
Ébranlaient les bourdons*, au vent occidental.

5 Comme un berger-poète au cœur sentimental,
J'aspirais leur prière en l'arôme des roses,
Pendant qu'aux ors mourants, mes troupeaux de névroses*
Vagabondaient le long des forêts de santal*.

Ainsi, de par la vie où j'erre solitaire,
10 J'ai gardé dans mon âme un coin de vieille terre,
Paysage ébloui des soirs que je revois ;

Alors que, dans ta lande intime, tu rappelles,
Mon cœur, ces angélus* d'antan, fanés, sans voix :
Tous ces oiseaux de bronze envolés des chapelles !

---

[1]   Dans le premier manuscrit d'asile (1929-1930), Nelligan l'intitule
« Soirs angélises » -- où « berger-poète » (v. 5) devient « ange poete ».
Les « angéliques » représentent ici les sons des cloches ébranlées par les
anges.

III Amours d'élite *

III.1 Rêve d'artiste[1]

Parfois j'ai le désir d'une sœur bonne et tendre,
D'une sœur angélique au sourire discret :
Sœur qui m'enseignera doucement le secret
De prier comme il faut, d'espérer et d'attendre.

5   *J'ai ce désir très pur d'une sœur éternelle,*
D'une sœur d'amitié dans le règne de l'Art,
Qui me saura veillant à ma lampe très tard
Et qui me couvrira des cieux de sa prunelle ;

Qui me prendra les mains quelquefois dans les siennes
10   *Et me chuchotera d'immaculés conseils,*
Avec le charme ailé des voix musiciennes ;

Et pour qui je ferai, si j'aborde à la gloire,
Fleurir tout un jardin de lys et de soleils
Dans l'azur d'un poème offert à sa mémoire.

---

[1]   Poème du cycle de Françoise (p. 194). Nelligan le lit à la quatrième séance publique de l'École littéraire de Montréal, le 26 mai 1899. Il paraît, par les soins de Robertine Barry à qui il est dédié, dans *La Patrie* du 23 septembre 1899 quelques semaines après l'internement du poète. Nelligan le transcrit une première fois vers 1936 sous le titre « Rêve d'art » et une deuxième fois le 20 juillet 1939.

III.2 Caprice* blanc[1]

L'hiver, de son pinceau givré, barbouille aux vitres
Des pastels* de jardins de roses en glaçons.
Le froid pique de vif et relègue aux maisons
Milady, canaris et les jockos* bélîtres*.

5   Mais la petite Miss en berline* s'en va,
Dans son vitchoura* blanc, une ombre de fourrures,
Bravant l'intempérie et les âcres froidures,
Et plus d'un, à la voir cheminer, la rêva.

Ses deux chevaux sont blancs et sa voiture aussi,
10 Menés de front par un cockney*, flegme* sur siège.
Leurs sabots font des trous ronds et creux dans la neige ;
Tout le ciel s'enfarine en un soir obscurci.

Elle a passé, tournant sa prunelle câline
Vers moi. Pour compléter alors l'immaculé
15 De ce décor en blanc, bouquet dissimulé,
Je lui jetai mon cœur au fond de sa berline.

---

[1] Dans le premier manuscrit d'asile (1929-1930), Nelligan l'intitule
« Caprice blanche ».

III.3 Placet*

Reine, acquiescez-vous qu'une boucle déferle
Des lames* des cheveux[1] aux lames du ciseau,
Pour que j'y puisse humer un peu de chant d'oiseau,
Un peu de soir d'amour né de vos yeux de perle ?

5   Au bosquet de mon cœur, en des trilles* de merle,
Votre âme a fait chanter sa flûte de roseau.
Reine, acquiescez-vous qu'une boucle déferle
Des lames des cheveux aux lames du ciseau ?

Fleur soyeuse aux parfums de rose, lis ou berle*,
10   Je vous la remettrai, secrète comme un sceau*,
Fût-ce en Éden, au jour que nous prendrons vaisseau
Sur la mer idéale où l'ouragan se ferle*.

Reine, acquiescez-vous qu'une boucle déferle ?

---

[1]   Poème intitulé à l'origine « Placet pour des cheveux ».

III.4 Le Mai d'amour[1]

Voici que verdit le printemps
Où l'heure au cœur sonne vingt ans,
Larivarite et la la ri ;
Voici que j'ai touché l'époque
5   Où l'on est las d'habits en loque*,
Au gentil sieur* il faudra ça
Ça
La la ri
Jeunes filles de bel humour,
10   Donnez-nous le mai de l'amour,
Larivarite et la la ri.

Soyez blonde ou brune ou châtaine,
Ayez les yeux couleur lointaine
Larivarite et la la ri
15   Des astres bleus, des perles roses,
Mais surtout, pas de voix moroses,
Belles de liesse*, il faudra ça
Ça
La la ri
20   Il faudra battre un cœur de joie
Tout plein de gaîté qui rougeoie,
Larivarite et la la ri.

---

[1]   Dans le deuxième manuscrit d'asile (1930), Nelligan l'intitule « La Romance de mai ».

Moi, j'ai rêvé de celle-là
Au cœur triste dans le gala*,
25   Larivarite et la la ri,
Comme l'oiseau d'automne au bois
Ou le rythme du vieux hautbois*,
Un cœur triste, il me faudra ça
Ça
30   La la ri
Triste comme une main d'adieu
Et pur comme les yeux de Dieu,
Larivarite et la la ri.

Voici que vient l'amour de mai,
35   Vivez-le vite, le cœur gai,
Larivarite et la la ri ;
Ils tombent tôt les jours méchants,
Vous cesserez aussi vos chants ;
Dans le cercueil il faudra ça
40   Ça
La la ri
Belles de vingt ans au cœur d'or,
L'amour, sachez-le, tôt s'endort,
Larivarite et la la ri.

III.5 La Belle Morte[1]

Ah ! la belle morte, elle repose…
En Éden blanc un ange la pose.

Elle sommeille emmi* les pervenches*,
Comme en une chapelle aux dimanches.

5   Ses cheveux sont couleur de la cendre,
Son cercueil, on vient de le descendre.

Et ses beaux yeux verts que la mort fausse
Feront un clair de lune en sa fosse.

[1]   Poème du cycle de la jeune morte (p. 192).

III.6 Amour immaculé[1]

Je sais en une église un vitrail[2] merveilleux
Où quelque artiste illustre, inspiré des archanges*,
A peint d'une façon mystique, en robe à franges,
Le front nimbé* d'un astre, une Sainte aux yeux bleus.

5   Le soir, l'esprit hanté de rêves nébuleux
Et du céleste écho de récitals étranges,
Je m'en viens la prier sous les lueurs oranges[3]
De la lune qui luit entre ses blonds cheveux.

Telle sur le vitrail de mon cœur je t'ai peinte,
10 Ma romanesque aimée, ô pâle et blonde sainte,
Toi, la seule que j'aime et toujours aimerai ;

Mais tu restes muette, impassible, et trop fière,
Tu te plais à me voir, sombre et désespéré,
Errer dans mon amour comme en un cimetière !

---

[1]   Poème lu à la troisième séance publique de l'École littéraire de Montréal, le 7 avril 1899, et publié sous le titre « Les Saintes au vitrail » dans *La Patrie* du 5 septembre 1899, probablement par les soins de Françoise [Robertine Barry], sa « sœur d'amitié ». Dans le premier manuscrit d'asile (1929-1930), Nelligan l'intitule « L'Immaculé-Conception ».

[2]   Il s'agit de celui représentant sainte Cécile à l'église Notre-Dame dans le Vieux-Montréal.

[3]   Licence poétique.

III.7 Châteaux en Espagne

Je rêve de marcher comme un conquistador*,
Haussant mon labarum* triomphal de victoire,
Plein de fierté farouche et de valeur notoire*,
Vers des assauts de ville aux tours de bronze et d'or.

5   Comme un royal oiseau, vautour, aigle ou condor,
Je rêve de planer au divin territoire,
De brûler au soleil mes deux ailes de gloire[1]
À vouloir dérober le céleste Trésor[2].

Je ne suis hospodar*, ni grand oiseau de proie ;
10   À peine si je puis dans mon cœur qui guerroie
Soutenir le combat des vieux Anges impurs ;

Et mes rêves altiers* fondent comme des cierges
Devant cette Ilion éternelle aux cent murs,
La ville de l'Amour imprenable des Vierges !

---

[1]   Icare se rapprocha tant du soleil que la cire de ses ailes fondit.
40 [2]   Le feu dérobé aux dieux par Prométhée.

III.8 Chapelle de la morte[1]

La chapelle ancienne est fermée,
Et je refoule* à pas discrets
Les dalles sonnant les regrets
De toute une ère parfumée.

5   Et je t'évoque, ô bien-aimée !
Épris de mystiques attraits :
La chapelle assume les traits
De ton âme qu'elle a humée.

Ton corps fleurit dans l'autel seul,
10   Et la nef* triste est le linceul*
De gloire qui te vêt entière ;

Et dans le vitrail, tes grands yeux
M'illuminent ce cimetière
De doux cierges mystérieux.

---

[1] Poème du cycle de la jeune morte (p. 192). Dans le premier manuscrit d'asile (1929-1930), Nelligan l'intitule « Poésie belge ».

III.9 Beauté cruelle[1]

Certe*, il ne faut avoir qu'un amour en ce monde,
Un amour, rien qu'un seul, tout fantasque* soit-il ;
Et moi qui le recherche ainsi, noble et subtil,
Voilà qu'il m'est à l'âme une entaille profonde.

5   Elle est hautaine et belle, et moi timide et laid :
Je ne puis l'approcher qu'en des vapeurs de rêve.
Malheureux ! Plus je vais, et plus elle s'élève
Et dédaigne mon cœur pour un œil qui lui plaît.

Voyez comme, pourtant, notre sort est étrange !
10   Si nous eussions tous deux fait de figure échange,
Comme elle m'eût aimé d'un amour sans pareil !

Et je l'eusse suivie en vrai fou de Tolède,
Aux pays de la brume, aux landes du soleil,
Si le Ciel m'eût fait beau, et qu'il l'eût faite laide !

---

[1]   Poème du cycle de Françoise [Robertine Barry] (p. 194), sa « sœur d'amitié », possiblement la « beauté cruelle », et conçu fin 1898 début 1899. Dans le cinquième manuscrit d'asile (1938), Nelligan le termine par « et Isabelle laide » (v. 14).

IV LES PIEDS SUR LES CHENETS*

IV.1 Rêves enclos

Enfermons-nous mélancoliques
Dans le frisson tiède des chambres,
Où les pots de fleurs des septembres
Parfument comme des reliques*.

5   Tes cheveux rappellent les ambres*
Du chef* des vierges catholiques
Aux vieux tableaux des basiliques*,
Sur les ors charnels de tes membres.

Ton clair rire d'émail* éclate
10   Sur le vif écrin écarlate
Où s'incrusta l'ennui de vivre.

Ah ! puisses-tu vers l'espoir calme
Faire surgir comme une palme*
Mon cœur cristallisé de givre !

IV.2 Soir d'hiver[1]

Ah ! comme la neige a neigé !
Ma vitre est un jardin de givre.
Ah ! comme la neige a neigé !
Qu'est-ce que le spasme* de vivre
5   À la douleur que j'ai, que j'ai !

Tous les étangs gisent gelés,
Mon âme est noire : Où vis-je ? où vais-je ?
Tous ses espoirs gisent gelés :
Je suis la nouvelle Norvège
10   D'où les blonds ciels s'en sont allés.

Pleurez, oiseaux de février,
Au sinistre frisson des choses,
Pleurez, oiseaux de février,
Pleurez mes pleurs, pleurez mes roses,
15   Aux branches du genévrier*.

Ah ! comme la neige a neigé !
Ma vitre est un jardin de givre.
Ah ! comme la neige a neigé !
Qu'est-ce que le spasme de vivre
20   À tout l'ennui que j'ai, que j'ai !…

---

[1] « Selon sa cousine Béatrice Hudon-Campbell, il lui [Nelligan] arrivait parfois de contempler pendant de longues heures, à travers la vitre de sa fenêtre, les érables enneigés près de sa fenêtre » (Paul Wyczynski, *Nelligan 1879-1941*, p. 271).

IV.3 Five o'clock[1]

Comme Liszt se dit triste au piano voisin !

. . . .

Le givre a ciselé de fins vases fantasques*,
Bijoux d'orfèvrerie*, orgueils de Cellini,
5 Aux vitres du boudoir* dont l'embrouillamini*
Désespère nos yeux de ses folles bourrasques.

Comme Haydn est triste au piano voisin !

. . . .

Ne sors pas ! Voudrais-tu défier les bourrasques,
10 Battre les trottoirs froids par l'embrouillamini
D'hiver ? Reste. J'aurai tes ors de Cellini,
Tes chers doigts constellés de leurs bagues fantasques.

Comme Mozart est triste au piano voisin !

. . . .

15 Le Five o'clock expire en mol ut* crescendo*.
— Ah ! qu'as-tu ? tes chers cils s'amalgament de perles.
— C'est que je vois mourir le jeune espoir des merles
Sur l'immobilité glaciale des jets d'eau.

. . . . sol, la, si, do.
20 — Gretchen, verse le thé aux tasses de Yeddo.

---

1 Poème du cycle de Gretchen (p. 194). « Five o'clock tea » : institution anglaise très répandue dans la bourgeoisie montréalaise de la fin du XIXe siècle, entre autres chez Robertine Barry.

IV.4 Gretchen la pâle[1]

Elle est de la beauté des profils de Rubens
Dont la majesté calme à la sienne s'incline*.
Sa voix a le son d'or de mainte mandoline*
Aux balcons de Venise avec des chants lambins.

5   Ses cheveux, en des flots lumineux d'eaux de bains,
Déferlent sur sa chair vierge de manteline* ;
Son pas, soupir lacté de fraîche mousseline*,
Simule un vespéral* marcher de chérubins*.

Elle est comme de l'or d'une blondeur étrange.
10   Vient-elle de l'Éden ? de l'Érèbe ? Est-ce un ange
Que ce mystérieux chef-d'œuvre du limon* ?

La voilà se dressant, torse, comme un jeune arbre.
Souple Anadyomène… Ah ! gare à ce démon !
C'est le Paros qui tue avec ses bras de marbre !

---

    [1]   Poème du cycle de Gretchen (p. 194).

IV.5 Le Salon[1]

La poussière s'étend sur tout le mobilier,
Les miroirs de Venise ont défleuri leur charme ;
Il y rôde comme un très vieux parfum de Parme,
La funèbre douceur d'un sachet* familier.

5   Plus jamais ne résonne à travers le silence
Le chant du piano dans des rythmes berceurs,
Mendelssohn et Mozart, mariant leurs douceurs,
Ne s'entendent qu'en rêve aux soirs de somnolence.

Mais le poète, errant sous son massif ennui,
10   Ouvrant chaque fenêtre aux clartés de la nuit,
Et se crispant les mains, hagard* et solitaire,

Imagine soudain, hanté par des remords,
Un grand bal solennel tournant dans le mystère,
Où ses yeux ont cru voir danser les parents morts.

---

[1]   Écrit fort probablement à la fin 1896 ou au début 1897. Nelligan transcrit le premier quatrain dans le premier manuscrit d'asile (1929-1930).

IV.6 Le Violon brisé[1]

Aux soupirs de l'archet béni,
Il s'est brisé, plein de tristesse,
Le soir que vous jouiez, comtesse,
Un thème de Paganini.

5   Comme tout choit* avec prestesse* !
J'avais un amour infini,
Ce soir que vous jouiez, comtesse,
Un thème de Paganini.

L'instrument dort sous l'étroitesse
10   De son étui de bois verni,
Depuis le soir où, blonde hôtesse,
Vous jouâtes Paganini.

Mon cœur repose avec tristesse
Au trou de notre amour fini.
15   Il s'est brisé le soir, comtesse,
Que vous jouiez Paganini.

---

[1]   Dans l'exemplaire d'*Émile Nelligan et son œuvre*, que la mère du poète a remis à Guillaume Lahaise le 9 novembre 1908, ce poème a ultérieurement été dédicacé par Nelligan lui-même « à Americe Forget », toujours inconnue. Dans le premier manuscrit d'asile (1929-1930), Nelligan l'intitule « Sur un thème de Paganini ».

IV.7 Rondel* à ma pipe

Les pieds sur les chenets* de fer
Devant un bock*, ma bonne pipe,
Selon notre amical principe
Rêvons à deux, ce soir d'hiver.

5   Puisque le ciel me prend en grippe
(N'ai-je pourtant assez souffert ?)
Les pieds sur les chenets de fer
Devant un bock, rêvons, ma pipe.

Preste*, la mort que j'anticipe
10   Va me tirer de cet enfer
Pour celui du vieux Lucifer ;
Soit ! nous fumerons chez ce type,

Les pieds sur les chenets de fer.

IV.8 Chopin[1]

Fais, au blanc frisson de tes doigts,
Gémir encore, ô ma maîtresse !
Cette marche[2] dont la caresse
Jadis extasia les rois.

Sous les lustres* aux prismes* froids,
Donne à ce cœur sa morne ivresse,
Aux soirs de funèbre paresse
Coulés* dans ton boudoir* hongrois.

Que ton piano vibre et pleure,
Et que j'oublie avec toi l'heure
Dans un Éden, on ne sait où…

Oh ! fais un peu que je comprenne
Cette âme aux sons noirs qui m'entraîne
Et m'a rendu malade et fou !

---

[1] Dans l'exemplaire d'*Émile Nelligan et son œuvre*, que la mère du poète a remis à Guillaume Lahaise le 9 novembre 1908, ce poème a ultérieurement été dédicacé par Nelligan lui-même « à Blanche Aubry », toujours inconnue.

[2] La « Marche funèbre » de Chopin.

IV.9 Violon d'adieu

Vous jouiez Mendelssohn ce soir-là ; les flammèches
Valsaient dans l'âtre* clair, cependant qu'au salon
Un abat-jour mêlait en ondulement* long
Ses rêves de lumière au châtain de vos mèches.

5   Et tristes, comme un bruit frissonnant de fleurs sèches
Éparses dans le vent vespéral* du vallon*,
Les notes sanglotaient sur votre violon
Et chaque coup d'archet trouait mon cœur de brèches.

Or, devant qu'il se fût fait tard, je vous quittai,
10   Mais jusqu'à l'aube errant, seul, morose, attristé,
Contant ma jeune peine au lunaire mystère,

Je sentais remonter comme d'amers parfums
Ces musiques d'adieu qui scellaient sous la terre
Et mon rêve d'amour et mes espoirs défunts.

IV.10 Mazurka*

Rien ne captive autant que ce particulier
Charme de la musique où ma langueur* s'adore,
Quand je poursuis, aux soirs, le reflet que mordore*
Maint lustre* au tapis vert du salon familier.

5   Que j'aime entendre alors, plein de deuil singulier*,
Monter du piano, comme d'une mandore*,
Le rythme somnolent où ma névrose* odore*
Son spasme* funéraire et cherche à s'oublier !

Gouffre intellectuel, ouvre-toi, large et sombre,
10   Malgré que toute joie en ta tristesse sombre,
J'y peux trouver encor* comme un reste d'oubli,

Si mon âme se perd dans les gammes étranges
De ce motif en deuil que Chopin a poli
Sur un rythme inquiet appris des noirs Archanges*.

IV.11 Frisson d'hiver[1]

Les becs de gaz sont presque clos :
Chauffe mon cœur dont les sanglots
S'épanchent dans ton cœur par flots,
        Gretchen !

5   Comme il te dit de mornes choses,
Ce clavecin* de mes névroses*,
Rythmant le deuil hâtif des roses,
        Gretchen !

Prends-moi le front, prends-moi les mains,
10   Toi, mon trésor de rêves maints
Sur les juvéniles chemins,
        Gretchen !

Quand le givre qui s'éternise
Hivernalement s'harmonise
15   Aux vieilles glaces* de Venise,
        Gretchen !

Et que nos deux gros chats persans
Montrent des yeux reconnaissants
Près de l'âtre* aux feux bruissants*,
20   Gretchen !

---

[1] Poème du cycle de Gretchen (p. 194).

Et qu'au frisson de la veillée,
S'élance en tendresse affolée
Vers toi mon âme inconsolée,
    Gretchen !

25   Chauffe mon cœur, dont les sanglots
S'épanchent dans ton cœur par flots.
Les becs de gaz sont presque clos…
    Gretchen !

IV.12 Soirs d'Octobre

— Oui, je souffre, ces soirs, démons mornes, chers Saints.
— On est ainsi toujours au soupçon des Toussaints.
— Mon âme se fait dune à funèbres hantises.
— Ah ! donne-moi ton front, que je calme tes crises.

5   — Que veux-tu ? Je suis tel, je suis tel dans ces villes,
Boulevardier funèbre échappé des balcons,
Et dont le rêve élude*, ainsi que des faucons,
L'affluence des sots aux atmosphères viles.

Que veux-tu ? je suis tel… Laisse-moi reposer
10 Dans la langueur*, dans la fatigue et le baiser,
Chère, bien-aimée âme où vont les espoirs sobres…

Écoute ! ô ce grand soir, empourpré* de colères,
Qui, galopant, vainqueur des batailles solaires,
Arbore l'Étendard triomphal des Octobres !

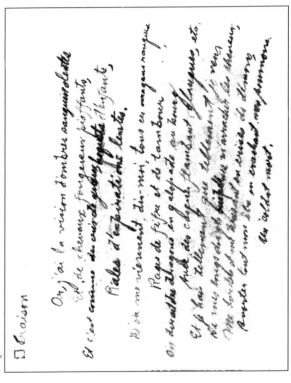

En 1938, dans le cinquième manuscrit d'asile, Nelligan transcrit le poème
« Déraison » (XI.6), y ajoute quatre vers et signe « Un soldat mort ».

V   VIRGILIENNES*

V.1 Automne

Comme la lande est riche aux heures empourprées*,
Quand les cadrans du ciel ont sonné les vesprées* !

Quels longs effeuillements d'angélus* par les chênes !
Quels suaves appels des chapelles prochaines !

5 Là-bas, groupes meuglants de grands bœufs aux yeux glauques*
Vont menés par des gars aux bruyants soliloques*.

La poussière déferle en avalanches grises
Pleines du chaud relent des vignes et des brises.

Un silence a plu dans les solitudes proches :
10 Des Sylphes ont cueilli le parfum mort des cloches.

Quelle mélancolie ! Octobre, octobre en voie !
Watteau ! que je vous aime, Autran, ô Millevoye !

V.2 Nuit d'été[1]

Le violon, d'un chant très profond de tristesse,
Remplit la douce nuit, se mêle au son des cors* ;
Les Sylphes vont pleurant comme une âme en détresse
Et les cœurs des grands ifs* ont des plaintes de morts.

5 Le souffle du Veillant anime chaque feuille,
Le rameau se balance en un rythme câlin,
Les oiseaux sont rêveurs, et sous l'œil opalin*
De la lune d'été, ma douleur se recueille.

Au concert susurré* que font sous la ramure*
10 Les grillons, ces lutins* en quête de sabbat*,
Soudain a résonné toute, en mon cœur qui bat,

La grande majesté de la Nuit qui murmure
Dans les cieux alanguis* un ramage* lointain,
Prolongé jusqu'à l'aube humide du Matin.

---

[1] Remaniement du premier sonnet connu de Nelligan. Il l'avait publié
dans Le Samedi du 18 juillet 1896 sous le pseudonyme « Émile Kovar ».
Le poète en transcrit la première strophe dans le deuxième manuscrit
d'asile (1930).

V.3 Rêve de Watteau[1]

Quand les pastours*, aux soirs des crépuscules roux
Menant leurs grands boucs noirs aux râles* d'or des flûtes,
Vers le hameau* natal, de par delà les buttes,
S'en revenaient, le long des champs piqués de houx* ;

5 Bohèmes écoliers, âmes vierges de luttes,
Pleines de blanc naguère et de jours sans courroux,
En rupture d'étude, aux bois jonchés de brous*
Nous allions, gouailleurs*, prêtant l'oreille aux chutes

Des ruisseaux, dans le val* que longeait en jappant
10 Le petit chien berger des calmes fils de Pan
Dont le pipeau* qui pleure appelle, tout au loin.

Puis, las, nous nous couchions, frissonnants jusqu'aux mœlles,
Et parfois, radieux, dans nos palais de foin,
Nous déjeunions d'aurore et nous soupions d'étoiles…

---

[1] Nelligan en fait état à la réunion de l'École littéraire de Montréal tenue le 9 décembre 1898 et le récite à la séance publique du 29 décembre de la même année. C'était, paraît-il, le poème préféré de Charles Gill. Nelligan en dédie une transcription au docteur Gervais le 22 septembre 1940.

V.4 Tarentelle* d'automne

Vois-tu près des cohortes* bovines
Choir les feuilles dans les ravines*,
      Dans les ravines ?

Vois-tu sur le coteau des années
5   Choir mes illusions fanées,
      Toutes fanées ?

Avec quelles rageuses prestesses*
Court la bise* de nos tristesses,
      De mes tristesses !

10   Vois-tu, près des cohortes bovines,
Choir les feuilles dans les ravines,
      Dans les ravines ?

Ma sérénade* d'octobre enfle une
Funéraire voix à la lune,
15   Au clair de lune.

Avec quelles rageuses prestesses
Court la bise de nos tristesses,
      De mes tristesses !

Le doguet* bondit dans la vallée.
20   Allons-nous-en par cette allée,
      La morne allée !

Ma sérénade d'octobre enfle une
Funéraire voix à la lune,
    Au clair de lune.

25   On dirait que chaque arbre divorce
Avec sa feuille et son écorce,
    Sa vieille écorce.

Ah ! vois sur la pente des années
Choir mes illusions fanées,
30   Toutes fanées !

V.5 Presque berger

Les Brises ont brui* comme des litanies*
Et la flûte s'exile en molles aphonies*.

Les grands bœufs sont rentrés. Ils meuglent dans l'étable
Et la soupe qui fume a réjoui la table.[1]

5   Fais ta prière, ô Pan ! Allons au lit, miocle*,
Que les bras travailleurs se calment de la pioche.

Le clair de lune ondoie aux horizons de soie :
Ô sommeil ! donnez-moi votre baiser de joie.

Tout est fermé. C'est nuit. Silence… Le chien jappe.
10 Je me couche. Pourtant le Songe à mon cœur frappe.

Oui, c'est délicieux, cela, d'être ainsi libre
Et de vivre en berger presque. Un souvenir vibre

En moi… Là-bas, au temps de l'enfance, ma vie
Coulait ainsi, loin des sentiers, blanche et ravie !

---

[1]   Presque le même distique se retrouve dans le poème posthume « Petit
hameau » : « Les bœufs sont vite entrés. Ils meuglent dans l'étable, / Et
la soupe qui fume a réjoui ma table. »

V.6 Bergère[1]

Vous que j'aimai sous les grands houx*,
Aux soirs de bohème champêtre,
Bergère, à la mode champêtre,
De ces soirs vous souvenez-vous ?
5   Vous étiez l'astre à ma fenêtre
Et l'étoile d'or dans les houx.

Aux soirs de bohème champêtre
Vous que j'aimai sous les grands houx,
Bergère, à la mode champêtre,
10   Où donc maintenant êtes-vous ?
— Vous êtes l'ombre à ma fenêtre
Et la tristesse dans les houx.

---

[1]   Poème présenté aux réunions du 27 janvier et du 3 février 1899 de l'École littéraire de Montréal, sous le titre « Bohème blanche », et transcrit sous celui de « Bohème champêtre » dans le sixième manuscrit d'asile (1938).

VI Eaux-fortes* funéraires

VI.1 Les Vieilles Rues

Que vous disent les vieilles rues
Des vieilles cités ?…
Parmi les poussières accrues
De leurs vétustés*,
5 *Rêvant de choses disparues,*
Que vous disent les vieilles rues ?

Alors que vous y marchez tard
Pour leur rendre hommage :
— « De plus d'une âme de vieillard
10 *Nous sommes l'image »,*
Disent-elles dans le brouillard,
Alors que vous y marchez tard.

« *Comme d'anciens passants nocturnes*
   « *Qui longent nos murs,*
15 « *En eux ayant les noires urnes**
   « *De leurs airs[1] impurs,*
« *S'en vont les Remords taciturnes*
« *Comme d'anciens passants nocturnes.* »

Voilà ce que dans les cités
20   *Maintes vieilles rues*
Disent parmi les vétustés
   Des choses accrues
Parmi vos gloires disparues,
Ô mornes et mortes cités !

---

[1] À la suggestion de Dantin, Lacourcière avait mis *ans*.

VI.2 Soirs d'automne[1]

Voici que la tulipe et voilà que les roses,
Sous le geste massif des bronzes et des marbres,
Dans le Parc où l'Amour folâtre* sous les arbres,
Chantent dans les longs soirs monotones et roses.

5   Dans les soirs a chanté la gaîté des parterres
Où danse un clair de lune en des poses obliques,
Et de grands souffles vont, lourds et mélancoliques,
Troubler le rêve blanc des oiseaux solitaires.

Voici que la tulipe et voilà que les roses
10   Et les lys cristallins, pourprés* de crépuscule,
Rayonnent tristement au soleil qui recule,
Emportant la douleur des bêtes et des choses.

Et mon amour meurtri, comme une chair qui saigne,
Repose sa blessure et calme ses névroses*.
15   Et voici que les lys, la tulipe et les roses
Pleurent les souvenirs où mon âme se baigne.

---

[1]   Il s'agit d'une version très modifiée du poème « Rythmes du soir », paru dans *L'Alliance nationale* en septembre 1897.

VI.3 Les Corbeaux[1]

J'ai cru voir sur mon cœur un essaim de corbeaux
En pleine lande* intime avec des vols funèbres,
De grands corbeaux venus de montagnes célèbres
Et qui passaient au clair de lune et de flambeaux.

5   Lugubrement, comme en cercle sur des tombeaux
Et flairant un régal de carcasses de zèbres,
Ils planaient au frisson glacé de mes vertèbres,
Agitant à leurs becs une chair en lambeaux.

Or, cette proie échue à ces démons des nuits
10 N'était autre que ma Vie en loque*, aux ennuis
Vastes qui vont tournant sur elle ainsi toujours,

Déchirant à larges coups de bec, sans quartier[2],
Mon âme, une charogne* éparse au champ des jours,
Que ces vieux corbeaux dévoreront en entier.

---

[1]   Nelligan le transcrit dans le premier manuscrit d'asile (1929-1930) sous
le titre « Les Horbeaux », ainsi que dans le cinquième (1938).

[2]   De l'expression « Ne pas faire de quartier » : massacrer.

VI.4 Le Corbillard

Par des temps de brouillard, de vent froid et de pluie,
Quand l'azur a vêtu comme un manteau de suie,
Fête des anges noirs ! dans l'après-midi, tard,
Comme il est douloureux de voir un corbillard,
5   Traîné par des chevaux funèbres, en automne,
S'en aller cahotant au chemin monotone,
Là-bas vers quelque gris cimetière perdu,
Qui lui-même, comme un grand mort, gît* étendu !
L'on salue, et l'on est pensif au son des cloches
10   Élégiaquement* dénonçant les approches
D'un après-midi tel aux rêves du trépas*.
Alors nous croyons voir, ralentissant le pas,
À travers des jardins rouillés de feuilles mortes,
Pendant que le vent tord des crêpes* à nos portes,
15   Sortir de nos maisons, comme des cœurs en deuil,
Notre propre cadavre enclos dans le cercueil.

VI.5 Le Perroquet[1]

Aux jours de sa vieille détresse
Elle avait, la pauvre négresse,
Gardé cet oiseau d'allégresse.

Ils habitaient, au coin hideux,
5   Un de ces réduits hasardeux,
Au faubourg lointain, tous les deux.

Lui, comme jadis à la foire,
Il jacassait les jours de gloire
Perché sur son épaule noire.

10   La vieille écoutait follement,
Croyant que par l'oiseau charmant
Causait l'âme de son amant.

Car le poète chimérique*,
Avec une verve* ironique*
15   À la crédule* enfant d'Afrique

Avait conté qu'il s'en irait,
À son trépas*, vivre en secret
Chez l'âme de son perroquet.

---

[1]   Nelligan lit ce poème à la réunion de l'École littéraire de Montréal du 10 février 1899, puis à la séance publique du 24 février 1899. E. de Marchy le rejette du revers de la main : « Son perroquet était franchement mauvais, comme tous les perroquets qui ont une trop grande variété de couleurs dans leur plumage » (*Le Monde illustré*, 11 mars 1899, p. 706-707).

C'est pourquoi la vieille au front chauve,
À l'heure où la clarté se sauve,
Interrogeait l'oiseau, l'œil fauve*.

Mais lui riait, criant toujours,
Du matin au soir tous les jours :
« Ha ! Ha ! Ha ! Gula, mes amours ! »

Elle en mourut dans un cri rauque*,
Croyant que sous le soliloque*
Inconscient du bavard glauque*,

L'amant défunt voulait, moqueur,
Railler l'amour de son vieux cœur.
Elle en mourut dans la rancœur*.

L'oiseau pleura ses funérailles,
Puis se fit un nid de pierrailles
En des ruines de murailles.

Mais il devint comme hanté ;
Et quand la nuit avait chanté
Au clair du ciel diamanté*,

On eût dit, à voir sa détresse,
Qu'en lui pleurait, dans sa tendresse,
L'âme de la pauvre négresse.

VI.6 Banquet macabre[1]

À la santé du rire ! Et j'élève ma coupe,
Et je bois follement comme un rapin* joyeux.
Ô le rire ! Ha ! ha ! ha ! qui met la flamme aux yeux,
Ce vaisseau d'or qui glisse avec l'amour en poupe* !

5   Vogue pour la gaieté de Riquet à la houppe[2] !
En bons bossus joufflus gouaillons* pour le mieux.
Que les bruits du cristal éveillent nos aïeux
Du grand sommeil de pierre où s'entasse leur groupe.

Ils nous viennent, claquant leurs vieux os : les voilà !
10   Qu'on les assoie en ronde au souper de gala*.
À la santé du rire et des pères squelettes !

Versez le vin funèbre aux verres par longs flots,
Et buvons à la Mort dans leurs crânes, poètes,
Pour étouffer en nous la rage des sanglots !

---

[1]   Poème inspiré, comme « La romance du vin » (X.11), par le poème « Le rire » des *Névroses* de Maurice Rollinat : « Je ris du mal qui me dévore ; / Je ris sur terre et sur les flots, / Je ris toujours, je ris encore / Avec le cœur plein de sanglots ! »

[2]   Conte de Perrault dans lequel le prince Riquet, intelligent et laid, épouse une princesse, idiote et belle. L'amour les rendra beau et intelligente à leurs yeux respectifs.

71

VI.7 Confession nocturne

Prêtre, je suis hanté, c'est la nuit dans la ville,
Mon âme est le donjon des mortels péchés noirs,
Il pleut une tristesse horrible aux promenoirs*
Et personne ne vient de la plèbe* servile*.

5   Tout est calme et tout dort. La solitaire Ville
S'aggrave de l'horreur vaste des vieux manoirs.
Prêtre, je suis hanté, c'est la nuit dans la ville ;
Mon âme est le donjon des mortels péchés noirs.

En le parc hivernal, sous la bise* incivile*,
10   Lucifer rôde et va raillant mes désespoirs
Très fous !... Le suicide aiguise ses coupoirs !
Pour se pendre, il fait bon sous cet arbre tranquille...
. . . .

Prêtre, priez pour moi, c'est la nuit dans la ville !...

VI.8 Le Tombeau* de la Négresse[1]

Alors que nous eût fui le grand vent des hivers,
Aux derniers ciels pâlis de mars, nous la menâmes
Dans le hallier* funèbre aux odeurs de cinnames*,
Où germaient les soupçons de nouveaux plants rouverts.

5   De hauts rameaux étaient criblés d'oiseaux divers
Et de tristes soupirs gonflaient leurs jeunes âmes.
Au limon* moite et brut où nous la retournâmes,
Que l'Africaine dorme en paix dans les mois verts !

Le sol pieusement recouvrira ses planches ;
10   Et le bon bengali*, dans son château de branches,
Pleurera sur maint thème un peu de ses vingt ans.

Peut-être, revenus en un lointain printemps,
Verrons-nous, de son cœur, dans les buissons latents*,
Éclore un grand lys noir entre des roses blanches.

---

[1]   Poème lu à la deuxième séance publique de l'École littéraire de Montréal
le 24 février 1899 sous le titre « La Négresse ». Marcel Dugas affirme :
« Quel délassement ce fut lorsque Nelligan, en vers, voulut bien nous
parler d'une négresse. C'était le rêve entrant dans une galerie d'ancêtres,
un parfum d'exotisme flottant au-dessus de poussières mille fois célé-
brées. On respira » (*Aperçus*, p. 17). Nelligan le transcrit dans le premier
manuscrit d'asile (1929-1930) et le 13 octobre 1932 pour le docteur
Quenneville, alors étudiant.

VI.9 Le Cercueil

Au jour où mon aïeul fut pris de léthargie*,
Par mégarde on avait apporté son cercueil ;
Déjà l'étui des morts s'ouvrait pour son accueil,
Quand son âme soudain ralluma sa bougie.

5   Et nos âmes, depuis cet horrible moment,
Gardaient de ce cercueil de grandes terreurs sourdes ;
Nous croyions voir l'aïeul au fond des fosses lourdes,
Hagard*, et se mangeant dans l'ombre éperdument.

Aussi quand l'un mourait, père ou frère atterré
10 Refusait sa dépouille à la boîte interdite,
Et ce cercueil, au fond d'une chambre maudite,
Solitaire et muet, plein d'ombre, est demeuré.

Il me fut défendu pendant longtemps de voir
Ou de porter les mains à l'objet qui me hante…
15 Mais depuis, sombre errant de la forêt méchante
Où chaque homme est un tronc marquant mon souci noir,

J'ai grandi dans le goût bizarre du tombeau,
Plein du dédain de l'homme et des bruits de la terre,
Tel un grand cygne noir qui s'éprend de mystère,
20 Et vit à la clarté du lunaire flambeau.

Et j'ai voulu revoir, cette nuit, le cercueil
Qui me troubla jusqu'en ma plus ancienne année ;
Assaillant d'une clé sa porte surannée*
J'ai pénétré sans peur en la chambre de deuil.

25 Et là, longtemps je suis resté, le regard fou,
Longtemps, devant l'horreur macabre de la boîte ;
Et j'ai senti glisser sur ma figure moite*
Le frisson familier d'une bête à son trou.

Et je me suis penché pour l'ouvrir, sans remord*
30 Baisant son front de chêne ainsi qu'un front de frère ;
Et, mordu d'un désir joyeux et funéraire,
Espérant que le ciel m'y ferait tomber mort.

VII Petite Chapelle[1]

VII.1 Chapelle dans les bois[2]

Nous étions là deux enfants blêmes
Devant les grands autels à franges,
Où Sainte Marie et ses anges
Riaient parmi les chrysanthèmes.

5   *Le soir poudrait dans la nef* vide ;*
Et son rayon à flèche jaune,
Dans sa rigidité d'icône*
Effleurait le grand Saint livide.

     Nous étions là deux enfants tristes
10   *Buvant la paix du sanctuaire*,*
Sous la veilleuse* mortuaire
Aux vagues reflets d'améthyste*.

---

[1]   Dans le deuxième projet de recueil intitulé *Le Récital des anges*, cette section était dédiée à Serge Usène, anagramme de Eugène Seers, à l'époque père du Très Saint-Sacrement, mieux connu sous le pseudonyme de Louis Dantin.

[2]   Dans le manuscrit de la collection Nelligan-Corbeil, ce poème s'intitule « En petite chapelle ».

Nos voix en extase à cette heure
Montaient en rogations* blanches,
15 Comme un angélus* des dimanches,
Dans le lointain, qui prie et pleure…

Puis nous partions… Je me rappelle !
Les bois dormaient au clair de lune,
Dans la nuit tiède où tintait une
20 Voix de la petite chapelle…

VII.2 Billet céleste[1]

Plein de spleen* nostalgique et de rêves étranges,
Un soir je m'en allai chez la Sainte adorée,
Où se donnait, dans la salle de l'Empyrée,
Pour la fête du Ciel, le récital des anges.

5   Et nul garde pour lors ne veillant à l'entrée,
Je vins, le corps vêtu d'une tunique à franges,
Le soir où l'on chantait chez la Sainte adorée,
Plein de spleen nostalgique et de rêves étranges.

Des dames défilaient dans des robes oranges[2] ;
10   Les célestes laquais portaient haute livrée*,
Et, ma demande étant par Cécile agréée,
Je l'écoutai jouer aux divines phalanges*,

Plein de spleen nostalgique et de rêves étranges !

---

[1]   Lu sous le titre « Le Récital des anges » à la première séance publique de l'École littéraire de Montréal le 29 décembre 1898. Ce poème est possiblement, selon Alfred DesRochers, celui que Nelligan a lu à la réunion de l'École littéraire de Montréal du 15 mars 1897, sous le titre, osé pour l'époque, de « Harem céleste ». Selon Louis Dantin, Nelligan cherchait des titres scandaleux.

[2]   Licence poétique.

VII.3 Rêve d'une nuit d'hôpital[1]

Cécile[2] était en blanc, comme aux tableaux illustres
Où la Sainte se voit, un nimbe* autour du chef*.
Ils étaient au fauteuil, Dieu, Marie et Joseph ;
Et j'entendis cela debout près des balustres*.

5   Soudain au flamboiement mystique des grands lustres*,
Éclata l'harmonie étrange au rythme bref,
Que la harpe brodait de sons en relief…
Musique de la terre, ah ! taisez vos voix rustres* !…

Je ne veux plus pécher, je ne veux plus jouir,
10 Car la Sainte m'a dit que pour encor* l'ouïr,
Il me fallait vaquer* à mon salut sur terre.

Et je veux retourner au prochain récital
Qu'elle me doit donner au pays planétaire,
Quand les anges m'auront sorti de l'hôpital.

---

[1]   Publié d'abord dans *Les Débats* du 18 août 1901, sous le titre « Sainte Cécile » avec en exergue « Rêve d'une nuit d'hôpital », le poème aurait été écrit selon la cousine du poète, Béatrice Hudon-Campbell, à la clinique neurologique Notre-Dame alors que Nelligan y aurait subi des tests avant son internement.

[2]   À Montréal, la Sainte-Cécile était très fêtée. Le 22 novembre 1898, selon Louvigny de Montigny, Nelligan participa à la soirée organisée à l'Hôtel de ville pour souligner l'événement.

VII.4 Le Cloître* noir[1]

Ils défilent au chant étoffé[2] des sandales,
Le chef* bas, égrenant de massifs chapelets,
Et le soir qui s'en vient, du sang de ses reflets
Mordore* la splendeur funéraire des dalles.

5   Ils s'effacent soudain, comme en de noirs dédales*,
Au fond des corridors pleins de pourpres* relais
Où de grands anges peints aux vitraux verdelets
Interdisent l'entrée aux terrestres scandales.

Leur visage est funèbre, et dans leurs yeux sereins
10   Comme les horizons vastes des cieux marins,
Flambe l'austérité des froides habitudes.

La lumière céleste emplit leur large esprit,
Car l'Espoir triomphant creusa les solitudes
De ces silencieux spectres de Jésus-Christ.

---

[1]   Intitulé originellement « Les Moines blancs », ce poème est un remanie-
ment de « Moines en défilade » publié dans *Le Monde illustré* du 10
juillet 1897. Dantin précise que, dans une précédente version intitulée
« Les Moines noirs », les vers 12-13 se lisaient : « L'imposture céleste
emplit leur large esprit / Car seul l'Espoir menteur creusa les solitudes ».

[2]   Lacourcière préfère *étouffé*, qu'avait mis Dantin. Le 30 avril 1920, dans
une lettre à Olivar Asselin à qui il signale le changement, Dantin se
« demande [...] si la nouvelle version [*étoffé*] vaut beaucoup mieux que
l'ancienne [*étouffé*], mais elle est incontestablement celle de Nelligan, et,
ma foi, elle offre au moins une image plus neuve, sinon plus juste ».

VII.5 Les Communiantes[1]

Calmes, elles s'en vont, défilant aux allées
De la chapelle en fleurs, et je les suis des yeux,
Religieusement joignant mes doigts pieux,
Plein de l'ardent regret des ferveurs en allées.

5   Voici qu'elles se sont toutes agenouillées
Au mystique repas qui leur descend des cieux,
Devant l'autel piqué de flamboiements joyeux
Et d'une floraison de fleurs immaculées.

Leur séraphique* ardeur fut si lente à finir
10   Que tout à l'heure encore, à les voir revenir
De l'agape* céleste au divin réfectoire*,

Je crus qu'elles allaient vraiment prendre l'essor,
Comme si, se glissant sous leurs voiles[2] de gloire,
Un ange leur avait posé des ailes d'or.

---

[1]   Nelligan l'aurait écrit en juin 1896 pour sa cousine Béatrice Hudon-
      Campbell, de neuf ans sa cadette et qui fit sa première communion le 9
      à la chapelle du Sacré-Cœur de Montréal. Dédicacé à Louis Fréchette
      dont la petite fille faisait sa première communion, le poème parut dans
      La Patrie du 29 avril 1899, par les soins de Robertine Barry.
[2]   Lors de leur première communion, les filles portaient un voile.

VII.6 Les Carmélites[1]

Parmi l'ombre du cloître* elles vont solennelles,
Et leurs pas font courir un frisson sur les dalles,
Cependant que du bruit funèbre des sandales
Monte un peu la rumeur chaste qui chante en elles.

5   Au séraphique* éclat des austères prunelles
Répondent les flambeaux en des gammes modales* ;
Parmi le froid du cloître elles vont solennelles,
Et leurs pas font des chants de velours sur les dalles.

Une des leurs retourne aux landes* éternelles
10   Trouver enfin l'oubli du monde et des scandales ;
Vers sa couche de mort, au fond de leurs dédales*,
C'est pourquoi, cette nuit, les nonnes* fraternelles

Dans leur cloître longtemps ont marché solennelles.

---

[1]   Après l'avoir présenté à la réunion du 22 février 1899, Nelligan le lit deux jours plus tard à la deuxième séance publique de l'École littéraire de Montréal.

VII.7 Notre-Dame-des-Neiges[1]

Sainte Notre-Dame, en beau manteau d'or,
　　　　　De sa lande* fleurie
Descend chaque soir, quand son Jésus dort,
　　　　　En sa Ville-Marie.
5　　Sous l'astral flambeau que portent ses anges,
　　　　　La belle Vierge va
Triomphalement, aux accords étranges
　　　　　De céleste bîva*.

Sainte Notre-Dame a là-haut son trône
10　　　　　Sur notre Mont-Royal ;
Et de là, son œil subjugue le Faune*
　　　　　De l'abîme infernal.
Car elle a dicté : « Qu'un ange protège
　　　　　De son arme de feu
15　　Ma ville d'argent au collier de neige »,
　　　　　La Dame du Ciel bleu !

---

[1]　Fort probablement inspiré du poème « Our Lady of the Snows » de
Rudyard Kipling, ce poème, écrit au printemps 1898, fut lu à la
deuxième séance publique de l'École littéraire de Montréal le 24 février
1899. Nelligan l'intitule respectivement « Our Lady Of Snows » dans le
premier manuscrit d'asile (1929-1930) – où « Chasse l'étranger » (v. 19)
devient « D'Albion la blonde » – et « Orange et vert » dans le troisième
(1933-1934).

Sainte Notre-Dame, ô tôt nous délivre
De tout joug pour le tien ;
Chasse l'étranger ! Au pays de givre
20   Sois-nous force et soutien.
Ce placet* fleuri de choses dorées,
Puisses-tu de tes yeux,
Bénigne*, le lire aux roses vesprées*,
Quand tu nous viens des Cieux !

25   Sainte Notre-Dame a pleuré longtemps
Parmi ses petits anges ;
Tellement, dit-on, qu'en les cieux latents*
Se font des bruits étranges.
Et que notre Vierge entraînant l'Éden,
30   Ô floraison chérie !
Va tôt refleurir en même jardin
Sa France et sa Ville-Marie…

VIII PASTELS* ET PORCELAINES*

VIII.1 Fantaisie créole*

Or, la pourpre* vêt la véranda* rose
Au motif câlin d'une mandoline*,
En des sangs de soir, aux encens de rose,
Or, la pourpre vêt la véranda rose.

5   Parmi les eaux d'or des vases d'Égypte,
Se fanent en bleu, sous les zéphirs* tristes,
Des plants odorants qui trouvent leur crypte*
Parmi les eaux d'or des vases d'Égypte.

La musique embaume et l'oiseau s'en grise ;
10   Les cieux ont mené leurs valses astrales ;
La Tendresse passe aux bras de la brise ;
La musique embaume, et l'âme s'en grise.

Et la pourpre vêt la véranda rose,
Et dans l'Éden d'or[1] de sa Louisiane,
15   Parmi le silence, aux encens de rose,
La créole dort en un hamac rose.

---

[1]   Le premier manuscrit d'asile (1929-1930) permet de restituer la syllabe
manquante dans l'édition de Dantin où « d'or » a été omis.

VIII.2 Paysage fauve[1]

Les arbres comme autant de vieillards rachitiques*,
Flanqués vers l'horizon sur les escarpements*,
Ainsi que des damnés sous le fouet des tourments,
Tordent de désespoir leurs torses fantastiques.

5   C'est l'Hiver ; c'est la Mort ; sur les neiges arctiques,
Vers le bûcher qui flambe aux lointains campements,
Les chasseurs vont frileux sous leurs lourds vêtements,
Et galopent, fouettant leurs chevaux athlétiques.

La bise* hurle ; il grêle ; il fait nuit, tout est sombre ;
10 Et voici que soudain se dessine dans l'ombre
Un farouche troupeau de grands loups affamés ;

Ils bondissent, essaims de fauves multitudes,
Et la brutale horreur de leurs yeux enflammés
Allume de points d'or les blanches solitudes.

---

[1]   Une première version du poème a été publiée dans *Le Monde illustré* du
21 août 1897 sous le titre « Paysage ».

VIII.3 Les Camélias[1]

Dans le boudoir tendu de choses de Malines
Tout est désert ce soir, Emmeline est au bal.

Seuls, des Camélias, en un glauque* bocal
Ferment languissamment leurs prunelles câlines.

5   Sur des onyx* épars, des bijoux et des bagues
Croisent leurs maints reflets dans des boîtes d'argent.

Tout pleure cette absente avec des plaintes vagues.
Le perroquet digère un long spleen* enrageant.

Le Saxe tinte. Il est aube. Sur l'escalier
10   Chante un pas satiné dans le frisson des gazes*.

Tout s'éveille alourdi des nocturnes extases.
La maîtresse s'annonce au doux bruit[2] du soulier.

Sa main effeuille, lente, un frais bouquet de roses ;
Ses regards sont voilés d'une aurore de pleurs.

15   Au bal elle a connu les premières douleurs,
Et sa jeunesse songe au vide affreux des choses,

Devant la sèche mort des Camélias roses.

---

[1]   Publié dans *La Patrie* du 16 décembre 1899 sous le titre « Les Camélias roses ».
[2]   Sur la pression des membres de l'École littéraire de Montréal, Nelligan a remplacé « toc toc » par « doux bruit ».

VIII.4 Le Soulier de la morte[1]

Ce frêle soulier gris et or,
Aux boucles de soie embaumée,
Tel un mystérieux camée*,
Entre mes mains, ce soir, il dort.

5 Tout à l'heure je le trouvai
Gisant au fond d'une commode…
Petit soulier d'ancienne mode,
Soulier du souvenir… Ave* !

Depuis qu'elle s'en est allée,
10 Menée aux marches* de Chopin,
Dormir pour jamais sous ce pin
Dans la froide et funèbre allée,

Je suis resté toute l'année
Broyé sous un fardeau de fer,
15 À vivre ainsi qu'en un enfer,
Comme une pauvre âme damnée.

Et maintenant, cœur plein de noir,
Cette vigile* de décembre,
Je le trouve au fond de ma chambre,
20 Soulier que son pied laissa choir*.

Celui-là seul me fut laissé,
L'autre est sans doute chez les anges…
. . . .
Et moi je cours pieds nus les fanges*…
25 Mon âme est un soulier percé.

---

 [1] Poème du cycle de la jeune morte (p. 192).

VIII.5 Potiche[1]

C'est un vase d'Égypte à riche ciselure*,
Où sont peints des sphinx* bleus et des lions ambrés* :
De profil on y voit, souple, les reins cambrés,
Une immobile Isis tordant sa chevelure.

5 Flambantes, des nefs* d'or se glissent sans voilure
Sur une eau d'argent plane aux tons de ciel marbrés :
C'est un vase d'Égypte à riche ciselure
Où sont peints des sphinx bleus et des lions ambrés.

Mon âme est un potiche* où pleurent, dédorés,
10 De vieux espoirs mal peints sur sa fausse moulure ;
Aussi j'en souffre en moi comme d'une brûlure,
Mais le trépas* bientôt les aura tous sabrés*…

Car ma vie est un vase à pauvre ciselure.

---

[1]   Le 8 septembre 1933, Nelligan en fait une transcription.

IX VÊPRES* TRAGIQUES

IX.1 Musiques funèbres[1]

Quand, rêvant de la morte et du boudoir* absent,
Je me sens tenaillé des fatigues physiques,
Assis au fauteuil noir, près de mon chat persan,
J'aime à m'inoculer* de bizarres musiques,
5   Sous les lustres* dont les étoiles vont versant
Leur sympathie au deuil des rêves léthargiques*.

J'ai toujours adoré, plein de silence, à vivre
En des appartements solennellement clos,
Où mon âme sonnant des cloches de sanglots,
10   Et plongeant dans l'horreur, se donne toute à suivre,
Triste comme un son mort, close comme un vieux livre,
Ces musiques vibrant comme un éveil de flots.

Que m'importent l'amour, la plèbe* et ses tocsins* ?
Car il me faut, à moi, des annales* d'artiste ;
15   Car je veux, aux accords d'étranges clavecins*,
Me noyer dans la paix d'une existence triste
Et voir se dérouler mes ennuis assassins,
Dans le prélude* où chante une âme symphoniste.

---

   [1]   Poème du cycle de la jeune morte (p. 192).

Je suis de ceux pour qui la vie est une bière*
20 *Où n'entrent que les chants hideux des croquemorts,*
Où mon fantôme las, comme sous une pierre,
Bien avant dans les nuits cause avec ses remords,
Et vainement appelle, en l'ombre familière
Qui n'a pour l'écouter que l'oreille des morts.

25 *Allons ! que sous vos doigts, en rythme lent et long*
Agonisent toujours ces mornes chopinades*…
Ah ! que je hais la vie et son noir Carillon* !
Engouffrez-vous, douleurs, dans ces calmes aubades*,
Ou je me pends ce soir aux portes du salon,
30 *Pour chanter en Enfer les rouges sérénades* !*

Ah ! funèbre instrument, clavier fou, tu me railles !
Doucement, pianiste, afin qu'on rêve encor* !
Plus lentement, plaît-il ?… Dans des chocs de ferrailles,
L'on descend mon cercueil, parmi l'affreux décor
35 *Des ossements épars au champ des funérailles,*
Et mon cœur a gémi comme un long cri de cor* !…

IX.2 Marches funèbres

J'écoute en moi des voix funèbres
Clamer transcendantalement*,
Quand sur un motif allemand
Se rythment ces marches* célèbres.

5   Au frisson fou de mes vertèbres
Si je sanglote éperdument,
C'est que j'entends des voix funèbres
Clamer transcendantalement.

Tel un troupeau spectral* de zèbres
10   Mon rêve rôde étrangement ;
Et je suis hanté tellement
Qu'en moi toujours, dans mes ténèbres,

J'entends geindre des voix funèbres.

IX.3 Le Puits hanté

Dans le puits noir que tu vois là
Gît* la source de tout ce drame.
Au vent du soir le cerf qui brame*
Parmi les bois conte cela.

5   Jadis un prêtre[1] fou, voilà,
Y fut noyé par une femme.
Dans le puits noir que tu vois là
Gît la source de tout ce drame.

Pstt ! n'y viens pas ! On voit l'éclat
10   Mystérieux d'un spectre* en flamme,
Et l'on entend, la nuit, une âme
Râler comme en affreux gala*,

Dans le puits noir que tu vois là.

---

[1] Lacourcière a gardé « amant fou ». Dans une lettre à Olivar Asselin du 30 avril 1920, Louis Dantin raconte : « Nelligan avait écrit : "Un prêtre fou". Cela corsait beaucoup plus le petit drame et y mettait aussi plus de musique, car *amanfou* n'est pas une combinaison heureuse. Mais l'éditeur, et c'était moi, avait à ménager dans son entourage des susceptibilités aiguës – l'œuvre était imprimée dans la communauté dont je faisais partie – il m'eût été impossible de garder ce vers dans sa première forme. Le fait qu'*amanfou* a été lancé vous mettra sans doute maintenant dans une situation difficile. Si vous restituez le mot primitif, on dira que vous avez faussé le texte par anticléricalisme ».

IX.4 L'Idiote aux cloches[1]

I

Elle a voulu trouver les cloches
Du Jeudi-Saint[2] sur les chemins ;
Elle a saigné ses pieds aux roches
À les chercher dans les soirs maints,
5   Ah ! lon lan laire,
Elle a meurtri ses pieds aux roches ;
On lui disait : « Fouille tes poches.
— Nenni*, sont vers les cieux romains :
Je veux trouver les cloches, cloches,
10   Je veux trouver les cloches
Et je les aurai dans mes mains » ;
Ah ! lon lan laire et lon lan la.

---

[1] Présenté à l'École littéraire de Montréal le 9 septembre 1898, le poème fut lu à la séance publique du 29 septembre et parut dans *La Patrie* du 7 janvier 1899. Nelligan le transcrit dans le premier manuscrit d'asile (1929-1930).

[2] À partir du jeudi saint, on ne sonne plus les cloches des églises jusqu'à la veillée pascale. Selon la légende, elles vont à Rome se faire bénir par le pape ; elles en reviennent le samedi saint avec les œufs de Pâques.

II

Or vers les heures vespérales*
Elle allait, solitaire, aux bois.
15 Elle rêvait des cathédrales
Et des cloches dans les beffrois* ;
     Ah ! lon lan laire,
Elle rêvait des cathédrales,
Puis tout à coup, en de fous râles*
20 S'élevait tout au loin sa voix :
« Je veux trouver les cloches, cloches,
     Je veux trouver les cloches
Et je les aurai dans mes mains » ;
Ah ! lon lan laire et lon lan la.

III

25 Une aube triste, aux routes croches,
On la trouva dans un fossé.
Dans la nuit du retour des cloches
L'idiote avait trépassé ;
     Ah ! lon lan laire,
30 Dans la nuit du retour des cloches,
À leurs métalliques approches,
Son rêve d'or fut exaucé :
Un ange mit les cloches, cloches,
     Lui mit toutes les cloches,
35 Là-haut, lui mit toutes aux mains ;
Ah ! lon lan laire et lon lan la.

Soirs Hypocondriaques.

Parfois je prends mon front blêmi
Sous des impulsions thagiques
Quand le clavecin a frémil.

Et que les lustres léthargiques
Plaquent leurs rayons sur mon deuil
Avec les sons noirs des musiques.

Et les pleurs mal cachés dans l'œil
Je cours affolé par les chambres
Trouvant partout que triste accueil.

Et de grands froids glacent mes membres
Je cherche à me suicider
Par vos soirs affreux, ô Décembres,

Anges maudits veuillez m'aider.

Manuscrit de « Soirs hypocondriaques » (XII.5).

X Tristia*

X.1 Le Lac

Remémore, mon cœur, devant l'onde qui fuit
De ce lac solennel, sous l'or de la vesprée*,
Ce couple malheureux dont la barque éplorée*
Y vint sombrer avec leur amour, une nuit.

5 *Comme tout alentour se tourmente et sanglote !*
Le vent verse les pleurs des astres aux roseaux,
Le lys s'y mire ainsi que l'azur plein d'oiseaux,
Comme pour y chercher une image qui flotte.

Mais rien n'en a surgi depuis le soir fatal
10 *Où les amants sont morts enlaçant leurs deux vies,*
Et les eaux en silence aux grèves d'or suivies
Disent qu'ils dorment bien sous leur calme cristal.

Ainsi la vie humaine est un grand lac qui dort
Plein, sous le masque froid des ondes déployées,
15 *De blonds rêves déçus, d'illusions noyées,*
Où l'Espoir vainement mire ses astres d'or.

X.2 Noël de vieil artiste[1]

La bise* geint, la porte bat,
Un Ange emporte sa capture.
Noël, sur la pauvre toiture,
Comme un *De Profundis*, s'abat.

5   L'artiste est mort en plein combat,
Les yeux rivés à sa sculpture.
La bise geint, la porte bat,
Un Ange emporte sa capture.

Ô Paradis ! puisqu'il tomba,
10   Tu pris pitié de sa torture.
Qu'il dorme en bonne couverture,
Il eut si froid sur son grabat* !

La bise geint, la porte bat…

---

[1]   Dans le troisième manuscrit d'asile (1933-1934), Nelligan l'intitule
« Vieil Noël ».

X.3 La Cloche dans la brume[1]

Écoutez, écoutez, ô ma pauvre âme ! Il pleure
Tout au loin dans la brume ! Une cloche ! Des sons
Gémissent sous le noir des nocturnes frissons,
Pendant qu'une tristesse immense nous effleure.

5   À quoi songez-vous donc ? à quoi pensez-vous tant ?…
Vous qui ne priez plus, ah ! serait-ce, pauvresse,
Que vous compareriez soudain votre détresse
À la cloche qui rêve aux angélus* d'antan ?…

Comme elle vous geignez, funèbre et monotone,
10   Comme elle vous tintez dans les brouillards d'automne,
Plainte de quelque église exilée en la nuit,

Et qui regrette avec de sonores souffrances
Les fidèles quittant son enceinte qui luit,
Comme vous regrettez l'exil des Espérances.

---

[1]   Dans le premier manuscrit d'asile (1929-1930), Nelligan l'intitule « La Cloche en la brune ».

X.4 Christ en croix

Je remarquais toujours ce grand Jésus de plâtre
Dressé comme un pardon au seuil du vieux couvent,
Échafaud solennel à geste noir, devant
Lequel je me courbais, saintement idolâtre*.

5   Or, l'autre soir, à l'heure où le cri-cri* folâtre*,
Par les prés assombris, le regard bleu rêvant,
Récitant Éloa[1], les cheveux dans le vent,
Comme il sied à l'Éphèbe* esthétique et bellâtre*,

J'aperçus, adjoignant des débris de parois,
10   Un gigantesque amas de lourde vieille croix
Et de plâtre écroulé parmi les primevères* ;

Et je restai là, morne, avec les yeux pensifs,
Et j'entendais en moi des marteaux convulsifs
Renfoncer les clous noirs des intimes Calvaires* !

---

[1]   Poème d'Alfred de Vigny (1826), « Éloa ou la Sœur des anges ». « Éloa, ange-femme, veut sauver Satan de la misère où l'a plongé sa rébellion ; mais l'ange du mal entraîne dans sa chute l'ange de la pitié » (*Grand Larousse encyclopédique*).

X.5 Sérénade* triste

Comme des larmes d'or qui de mon cœur s'égouttent,
Feuilles de mes bonheurs, vous tombez toutes, toutes.

Vous tombez au jardin de rêve où je m'en vais,
Où je vais, les cheveux au vent des jours mauvais.

5   Vous tombez de l'intime arbre blanc, abattues
Çà et là, n'importe où, dans l'allée aux statues,

Couleur des jours anciens, de mes robes d'enfant,
Quand les grands vents d'automne ont sonné l'olifant[1].

Et vous tombez toujours, mêlant vos agonies,
10   Vous tombez, mariant, pâles, vos harmonies.

Vous avez chu dans l'aube au sillon des chemins ;
Vous pleurez de mes yeux, vous tombez de mes mains.

Comme des larmes d'or qui de mon cœur s'égouttent,
Dans mes vingt ans déserts vous tombez toutes, toutes.

---

[1]   Dans l'univers nelliganien, l'olifant rappelle la mort de Lucile (« Le Regret des joujoux », II.3).

X.6 Tristesse blanche

Et nos cœurs sont profonds et vides comme un gouffre,
Ma chère, allons-nous-en, tu souffres et je souffre.

Fuyons vers le castel* de nos Idéals blancs,
Oui, fuyons la Matière aux yeux ensorcelants.

5   Aux plages de Thulé[1], vers l'île des Mensonges,
Sur la nef* des vingt ans fuyons comme des songes.

Il est un pays d'or plein de lieds* et d'oiseaux,
Nous dormirons tous deux aux frais lits des roseaux*.

Nous nous reposerons des intimes désastres,
10   Dans des rythmes de flûte, à la valse des astres.

Fuyons vers le château de nos Idéals blancs,
Oh ! fuyons la Matière aux yeux ensorcelants.

Veux-tu mourir, dis-moi ? Tu souffres et je souffre,
Et nos cœurs sont profonds et vides comme un gouffre.

---

[1]   Nom donné par les Grecs et les Romains à la terre la plus septentrionale
connue. Dans la mythologie nelliganienne, Thulé représente possible-
ment le Yukon où Nelligan et Bussières avaient projeté d'aller pour par-
ticiper à la ruée vers l'or du Klondike (1896-1906).

X.7 Roses d'octobre

Pour ne pas voir choir* les roses d'automne,
Cloître* ton cœur mort en mon cœur tué.
Vers des soirs souffrants mon deuil s'est rué,
Parallèlement au mois monotone.

5   Le carmin* tardif et joyeux détonne
Sur le bois dolent* de roux ponctué...
Pour ne pas voir choir les roses d'automne,
Cloître ton cœur mort en mon cœur tué.

Là-bas, les cyprès* ont l'aspect atone* ;
10   À leur ombre on est vite habitué,
Sous terre un lit frais s'ouvre situé ;
Nous y dormirons tous deux, ma mignonne,

Pour ne pas voir choir les roses d'automne.

X.8 La Passante[1]

Hier, j'ai vu passer, comme une ombre qu'on plaint,
En un grand parc obscur, une femme voilée :
Funèbre et singulière*, elle s'en est allée,
Recélant sa fierté sous son masque opalin*.

5   Et rien que d'un regard, par ce soir cristallin*,
J'eus deviné bientôt sa douleur refoulée ;
Puis elle disparut en quelque noire allée
Propice au deuil profond dont son cœur était plein.

Ma jeunesse est pareille à la pauvre passante :
10   Beaucoup la croiseront ici-bas dans la sente*
Où la vie à la tombe âprement* nous conduit ;

Tous la verront passer, feuille sèche à la brise
Qui tourbillonne, tombe et se fane en la nuit ;
Mais nul ne l'aimera, nul ne l'aura comprise.

---

[1]   Nelligan lit ce poème lors de la troisième séance publique de l'École littéraire de Montréal, le 7 avril 1899, au Château de Ramezay. Françoise [Robertine Barry] en parle dans *La Patrie* du 15 avril 1899 comme d'une « pièce d'une rare beauté ».

X.9 Sous les faunes*

Nous nous serrions, hagards*, en silencieux gestes,
Aux flamboyants juins d'or, pleins de relents, lassés,
Et tels, rêvassions-nous, longuement enlacés,
Par les grands soirs tombés, triomphalement prestes*.

5 Debout au perron gris, clair-obscuré* d'agrestes*
Arbres évaporant des parfums opiacés*,
Et d'où l'on constatait des marbres déplacés,
Gisant en leur orgueil de massives siestes.

Parfois, cloîtrés* au fond des vieux kiosques proches,
10 Nous écoutions clamer des peuples fous de cloches
Dont les voix aux lointains se perdaient, toutes tues,

Et nos cœurs s'emplissaient toujours de vague émoi
Quand, devant l'œil pierreux des funèbres statues,
Nous nous serrions, hagards, ma Douleur morne et moi.

X.10 Ténèbres

La tristesse a jeté sur mon cœur ses longs voiles[1]
Et les croassements* de ses corbeaux latents* ;
Et je rêve toujours au vaisseau des vingt ans,
Depuis qu'il a sombré dans la mer des Étoiles.

5   Oh ! quand pourrai-je encor* comme des crucifix
Étreindre entre mes doigts les chères paix anciennes,
Dont je n'entends jamais les voix musiciennes
Monter dans tout le trouble où je geins*, où je vis ?

Et je voudrais rêver longuement, l'âme entière,
10   Sous les cyprès* de mort, au coin du cimetière
Où gît ma belle enfance au glacial tombeau.

Mais je ne pourrai plus ; je sens des bras funèbres
M'asservir au Réel, dont le fumeux flambeau
Embrase au fond des Nuits mes bizarres Ténèbres !

---

[1]   Une première version se lisait : « La Détresse a jeté sur mon cœur ses noirs voiles ».

X.11 La Romance du vin[1]

Tout se mêle en un vif éclat de gaîté verte.
Ô le beau soir de mai ! Tous les oiseaux en chœur,
Ainsi que les espoirs naguères* à mon cœur,
Modulent leur prélude* à ma croisée ouverte.

5   Ô le beau soir de mai ! le joyeux soir de mai !
Un orgue au loin éclate en froides mélopées* ;
Et les rayons, ainsi que de pourpres* épées,
Percent le cœur du jour qui se meurt parfumé.

Je suis gai ! je suis gai ! Dans le cristal qui chante,
10   Verse, verse le vin ! verse encore et toujours,
Que je puisse oublier la tristesse des jours,
Dans le dédain que j'ai de la foule méchante !

Je suis gai ! je suis gai ! Vive le vin et l'Art !…
J'ai le rêve de faire aussi des vers célèbres,
15   Des vers qui gémiront les musiques funèbres
Des vents d'automne au loin passant dans le brouillard.

C'est le règne du rire amer et de la rage
De se savoir poète et l'objet du mépris,
De se savoir un cœur et de n'être compris
20   Que par le clair de lune et les grands soirs d'orage !

---

[1] En italique et stratégiquement placé à la fin du volume, le poème est, selon Dantin, le meilleur de Nelligan. Il est généralement perçu comme une réponse indirecte à la critique du poème « Le Perroquet » (VI.5) par de Marchy. Lorsqu'il le lit à la quatrième séance publique de l'École littéraire de Montréal, tenue au Château de Ramezay le 26 mai 1899, Nelligan reçoit une ovation. « [U]ne émotion vraie étreignit la salle, et les applaudissements prirent la fureur d'une ovation », se rappelle Dantin (*Émile Nelligan et son œuvre*, p. xxix). « Lorsque le poète, crinière au

> *Femmes ! je bois à vous qui riez du chemin*
> *Où l'Idéal m'appelle en ouvrant ses bras roses ;*
> *Je bois à vous surtout, hommes aux fronts moroses*
> *Qui dédaignez ma vie et repoussez ma main !*

25
> *Pendant que tout l'azur s'étoile dans la gloire,*
> *Et qu'un hymne s'entonne au renouveau doré,*
> *Sur le jour expirant je n'ai donc pas pleuré,*
> *Moi qui marche à tâtons* dans ma jeunesse noire !*

> *Je suis gai ! je suis gai ! Vive le soir de mai !*
30
> *Je suis follement gai, sans être pourtant ivre !...*
> *Serait-ce que je suis enfin heureux de vivre ;*
> *Enfin mon cœur est-il guéri d'avoir aimé ?*

> *Les cloches ont chanté ; le vent du soir odore*...*
> *Et pendant que le vin ruisselle à joyeux flots,*
35
> *Je suis si gai, si gai, dans mon rire sonore,*
> *Oh ! si gai, que j'ai peur d'éclater en sanglots !*

---

vent, l'œil enflammé, la voix sonore, clama ces vers vibrants [...], ce fut un délire dans toute la salle. Des acclamations portèrent aux nues ces purs sanglots d'un grand et vrai poète », se remémore Jean Charbonneau (*L'École littéraire de Montréal*, p. 51). Ses camarades le portent en triomphe jusque chez lui. Trois mois plus tard, il entre à la Retraite Saint-Benoit-Joseph-Labre.

XI Pièces retrouvées[1]

XI.1 Rêve fantasque[2]

Les bruns chêneaux* altiers* traçaient dans le ciel triste,
D'un mouvement rythmique, un bien sombre contour ;
Les beaux ifs* langoureux, et l'yprau* qui s'attriste
    Ombrageaient les verts nids d'amour.

5 Ici, jets d'eau moirés* et fontaines bizarres ;
Des Cupidons d'argent, des plants taillés en cœur,
Et tout au fond du parc, entre deux longues barres,
    Un cerf bronzé d'après Bonheur*.

Des cygnes blancs et noirs, aux magnifiques cols,
10 Folâtrent* bel et bien dans l'eau et sur la mousse ;
Tout près des nymphes* d'or — là-haut la lune douce ! —
    Vont les oiseaux en gentils vols.

---

1   Dans cette section des *Poésies complètes*, Luc Lacourcière a regroupé les
poèmes parus du vivant de Nelligan et qui n'étaient pas dans *Émile Nelligan et son œuvre*.

2   Inspiré de « La Nuit du Walpurgis classique » de Paul Verlaine, il s'agit
du premier poème publié de Nelligan. Sous le pseudonyme d'Émile
Kovar, il paraît dans *Le Samedi* du 13 juin 1896 dans le cadre de la 4e
tranche du concours littéraire permanent ouvert aux jeunes depuis
1895. Nelligan a 16 ans et demi.

Des sons lents et distincts, faibles dans les rallonges*,
Harmonieusement résonnent dans l'air froid ;
15 L'opaline* nuit marche, et d'alanguissants* songes
        Comme elle envahissent l'endroit.

Aux chants des violons, un écho se réveille ;
Là-bas, j'entends gémir une voix qui n'est plus ;
Mon âme, soudain triste à ce son qui l'éveille,
20   Se noie en un chagrin de plus.

Qu'il est doux de mourir quand notre âme s'afflige,
Quand nous pèse le temps tel qu'un cuisant* remords,
– Que le désespoir ou qu'un noir penser l'exige –
        Qu'il est doux de mourir alors !

25 Je me rappelle encor*… par une nuit de mai,
Mélancoliquement tel que chantait le hâle ;
Ainsi j'écoutais bruire au delà du remblai
        Le galop d'un noir Bucéphale.

Avec ces vagues bruits fantasquement charmeurs
30 Rentre dans le néant le rêve romanesque ;
Et dans le parc imbu de soudaines fraîcheurs,
        Mais toujours aussi pittoresque,

Seuls, les chêneaux pâlis tracent dans le ciel triste,
D'un mouvement rythmique, un moins sombre contour ;
35 Les ifs se balançant et l'yprau qui s'attriste
        Ombragent les verts nids d'amour.

XI.2 Vieux Piano[1]

Plein de la voix mêlée autrefois à la sienne,
Et triste, un clavecin d'ébène que domine
Une coupe où se meurt, tendre, une balsamine
Pleure les doigts défunts de la musicienne.
Catulle MENDÈS

L'âme ne frémit plus chez ce vieil instrument ;
Son couvercle baissé lui donne un aspect sombre ;
Relégué* du salon, il sommeille dans l'ombre
Ce misanthrope* aigri de son isolement.

5   Je me souviens encor des nocturnes* sans nombre
Que me jouait ma mère, et je songe, en pleurant,
À ces soirs d'autrefois – passés dans la pénombre,
Quand Liszt se disait triste et Beethoven mourant.

Ô vieux piano d'ébène*, image de ma vie,
10 Comme toi du bonheur ma pauvre âme est ravie,
Il te manque une artiste, il me faut l'Idéal ;

Et pourtant là tu dors, ma seule joie au monde,
Qui donc fera renaître, ô détresse profonde,
De ton clavier funèbre un concert triomphal ?

Peek-a-boo Villa[2]

---

[1] Après s'être vu refusé de publication à moins de « donner un nom res-
ponsable », le poète signe de son nom bien que légèrement altéré,
« Émil Nelligan », un premier poème, « Vieux Piano », qui paraît dans
Le Monde illustré du 29 mai 1897. Gilles Corbeil, neveu du poète,
raconte que, lorsque la famille Nelligan déménage en 1892 du 195
Bleury au 260 Laval, elle fait l'acquisition d'un nouveau piano. Le
« vieux piano d'ébène » que possédait la famille, sera alors « relégué »
dans une pièce attenante jusqu'à ce qu'il soit vendu.

[2] À l'été 1896, les Nelligan délaissent l'auberge Cacouna House pour une
maison de cultivateur appelée « Peek-a-boo Villa ».

XI.3 Le Voyageur[1]

À mon père[2]

Las d'avoir visité mondes, continents, villes,
Et vu de tout pays, ciel, palais, monuments,
Le voyageur enfin revient vers les charmilles*
Et les vallons* rieurs qu'aimaient ses premiers ans.

5 Alors sur les vieux bancs au sein des soirs tranquilles,
Sous les chênes vieillis, quelques bons paysans,
Graves, fumant la pipe, auprès de leurs familles
Écoutaient les récits du docte* aux cheveux blancs.

Le printemps refleurit. Le rossignol volage*
10 Dans son palais rustique a de nouveau chanté,
Mais les bancs sont déserts car l'homme est en voyage.

On ne le revoit plus dans ses plaines natales.
Fantôme, il disparut dans la nuit, emporté
Par le souffle mortel des brises hivernales.

---

[1] Sur présentation de ce poème et de « Berceuse » (XI.11), Nelligan est accepté le 10 février 1897 comme membre de l'École littéraire de Montréal. Le poème paraîtra dans *Le Monde illustré* du 2 octobre 1897.
[2] Seul poème dédié à David Nelligan, le père du poète, qui est absent de la poésie de son fils à l'inverse de la mère et des sœurs.

XI.4 Sur un portrait de Dante II[1]

C'est lui, le pèlerin* de l'ombre revenu,
Au front noirci du hâle infernal de l'abîme,
À l'œil où flotte encor la vision sublime,
L'artiste incomparable et l'homme méconnu.

5   Loin des fourbes[2] jaloux dont il fut la victime,
Après avoir montré leur âme immonde à nu,
Des monts olympiens* il a touché la cime
Et retrouvé la paix de son rêve ingénu…

Ô Dante Alighieri, gardien des cimetières !
10   Le blason* glorieux de tes œuvres altières*
Au mur des sages brille, ineffaçable et fier !

Et tu vivras aussi longtemps que Dieu lui-même,
Car le Ciel éternel et l'éternel Enfer
Ont appris les accents de ton ardent poème.

---

[1]   Dans *Le Monde illustré* du 21 mai 1898, Nelligan fait paraître un premier
« Sur un portrait du Dante » que reprend Lacourcière. Dans *Le Nationaliste* du 6 mars 1904, Charles Gill en fait paraître un deuxième que Nelligan avait « griffonné au bas d'une sanguine représentant le grand
Florentin » et qui est un remaniement complet du premier.

[2]   Référence probable au bannissement de Dante, du parti guelfe blanc,
par les guelfes noirs à Florence en 1602.

XI.5 Sieste ecclésiastique[1]

Croquis d'été

Vraiment, il a bel air sous sa neuve soutane,
Ce cher petit abbé, joufflu, rasé tout frais,
Pour qui la bonne table a d'innocents attraits...
Il en rêve au couvert de l'ombrageux platane.

5   Midi sonne. En plein ciel le soleil se pavane,
Et monsieur le vicaire, ô scandaleux portrait !
S'est endormi, tout rond, sur la pelouse, abstrait,
Songeant aux gros péchés de quelque courtisane*.

On vient de la cuisine... et, sous le blanc rideau,
10   Blanche pousse Michel, Louise, le bedeau,
Et tous de s'esquiver en éclatant de rire,

Cependant que l'abbé, ne se reprochant rien,
S'étire et murmure en un céleste sourire
Que Bacchus, après tout, était un bon chrétien.

---

[1]   Publié le 14 janvier 1900 par les soins de Louvigny de Montigny dans le journal anticlérical *Les Débats* qui y ajoute en exergue, « Vers sans malice ». Une autre version existe dans la collection Nelligan-Corbeil sous le titre « Petit coin de cure ».

XI.6 Déraison[1]

Or, j'ai la vision d'ombres sanguinolentes
    Et de chevaux fougueux piaffants,
Et c'est comme des cris de gueux*, hoquets d'enfants,
    Râles* d'expirations lentes.

5 D'où me viennent, dis-moi, tous ces ouragans rauques*,
    Rages de fifre* ou de tambour ?
On dirait des dragons en galopade au bourg*,
    Avec des casques flambant glauques*, etc.

> En 1938, dans le cinquième manuscrit d'asile,
> Nelligan l'intitule « Déraison » et y ajoute les quatre vers
> suivants dont la provenance est toujours inconnue.
> Il signe le tout « Un soldat mort ».

Et je hais tellement que tellement je veux
De mes longs doigts crispés m'arracher les cheveux,
Me tordre et me brisant en crises de démons,
Avorter tout mon être en crachant mes poumons.

---

1   Poème incomplet, intitulé « Vision » par Luc Lacourcière. Louis Dantin
ne l'avait pas retenu pour son *Émile Nelligan et son œuvre*, car « la Dérai-
son [y] montrait sa griffe aveugle » (p. v). Pour Gérard Bessette, « [p]ar
l'âpreté et la force de ses images, par son éclatante sonorité, ainsi que
par sa puissance de suggestion, il [...] semble digne du meilleur Rim-
baud » (*Une littérature en ébullition*, p. 37).

XI.7 Le Fou[1]

Gondolar ! Gondolar !
Tu n'es plus sur le chemin très tard.

On assassina l'pauvre idiot,
On l'écrasa sous un chariot,
5   Et puis l'chien après l'idiot.

On leur fit un grand, grand trou là.
Dies* iræ, dies illa.
À genoux devant ce trou-là !

---

[1] Dans le premier manuscrit d'asile (1929-1930), Nelligan l'intitule « Gondolar » et y ajoute deux distiques après le premier : « Ma mère est folle et je suis fou / Et je m'en vais j'on ne sais où // Gondolar Gondolard / Chez Mademoiselle Bernhard ». Selon Jean Charbonneau, Nelligan a assisté à la réception que Fréchette a donnée le 29 février 1896 en l'honneur de la grande tragédienne française Sarah Bernhardt en visite à Montréal.

XI.8 *Je sens voler*[1]

Je sens voler en moi les oiseaux du génie
Mais j'ai tendu si mal mon piège qu'ils ont pris
Dans l'azur cérébral leurs vols blancs, bruns et gris,
Et que mon cœur brisé râle son agonie.

---

[1] Fragment d'un poème aujourd'hui disparu. Selon Dantin, Nelligan s'est « dépeint lui-même tout entier, avec ses dons superbes, avec ses impuissances fatales, avec la catastrophe enfin qui l'a brisé en plein essor, dans ces vers qui pourraient être son épitaphe » (*Émile Nelligan et son œuvre*, p. xxxii).

XI.9 À une femme détestée[1]

> Car dans ces jours de haine et ces temps de combats
> Je fus de ces souffrants que leur langueur isole
> Sans qu'ils aient pu trouver la Femme qui console
> Et vous remplit le cœur rien qu'à parler tout bas.
> Georges RODENBACH*

Combien je vous déteste et combien je vous fuis :
Vous êtes pourtant belle et très noble d'allure,
Les Séraphins* ont fait votre ample chevelure
Et vos regards couleur du charme brun des nuits.

5 Depuis que vous m'avez froissé, jamais depuis,
N'ai-je pu tempérer cette intime brûlure :
Vous m'avez fait souffrir, volage* créature,
Pendant qu'en moi grondait le volcan des ennuis.

Moi, sans amour jamais qu'un amour d'Art, Madame,
10 Et vous, indifférente et qui n'avez pas d'âme,
Vieillissons tous les deux pour ne jamais se voir.

Je ne dois pas courber mon front devant vos charmes ;
Seulement, seulement, expliquez-moi ce soir,
Cette tristesse au cœur qui me cause des larmes.

---

[1] Poème du cycle de Françoise (p. 194). Parce que le poème, conçu fin 1898 début 1899, était entre les mains de Françoise [Robertine Barry], qu'elle le publie dans *Le Journal de Françoise* du 21 mars 1908, neuf ans après l'internement du poète, et que certains traits physiques, soit les cheveux et les yeux (v. 3 et 4), coïncident avec les siens, on suppose, comme l'affirme Luc Lacourcière, que le poème lui était adressé.

XI.10 Un poète[1]

Laissez-le vivre ainsi sans lui faire de mal !
Laissez-le s'en aller ; c'est un rêveur qui passe ;
C'est une âme angélique ouverte sur l'espace,
Qui porte en elle un ciel de printemps auroral.

5   C'est une poésie aussi triste que pure
Qui s'élève de lui dans un tourbillon d'or.
L'étoile la comprend, l'étoile qui s'endort
Dans sa blancheur céleste aux frissons de guipure*.

Il ne veut rien savoir ; il aime sans amour.
10   Ne le regardez pas ! que nul ne s'en occupe !
Dites même qu'il est de son propre sort dupe !
Riez de lui !… Qu'importe ! il faut mourir un jour…

Alors, dans le pays où le bon Dieu demeure,
On vous fera connaître, avec reproche amer,
15   Ce qu'il fut de candeur sous ce front simple et fier
Et de tristesse dans ce grand œil gris qui pleure !

---

[1]   Le poème a paru dans *Le Terroir* de mars 1909. Collé à l'intérieur de la couverture restante du spicilège dans lequel Nelligan colligeait des textes, il y a le poème « A dreamer » d'Arthur Guiterman, qui a inspiré Nelligan, et dont le premier vers est « He is a dreamer, let him pass ».

XI.11 Berceuse[1]

Quelqu'un pleure dans le silence
    Morne des nuits d'avril ;
Quelqu'un pleure la somnolence
    Longue de son exil.
5   Quelqu'un pleure sa douleur
    Et c'est mon cœur…

---

[1] Ce poème nous est parvenu grâce à Joseph Melançon qui l'a transcrit
dans son *Journal* à la date du 25 février 1897 avec ce commentaire : « de
la musique, de la musique et rien d'autre ». Il s'agit fort probablement
du poème « Berceuse » grâce auquel Nelligan est accepté comme mem-
bre de l'École littéraire de Montréal le 10 février 1997. En 1935, Jean
Charbonneau le signale aussi dans *L'École littéraire de Montréal* (p. 118).

XII Poèmes posthumes[1]

XII.1 *Je veux m'éluder*[2]

Je veux m'éluder* dans les rires
Dans les tourbes* de gaîté brusque
Oui, je voudrais me tromper jusque
En des ouragans de délires.

5   Pitié ! quels monstrueux vampires
Vont suçant mon cœur qui s'offusque !
Ô je veux être fou, ne fût-ce que
Pour narguer mes Détresses pires !

Latent* comme un monstre cadavre
10   Mon cœur vaisseau s'amarre au havre
De toute hétéromorphe* engeance*.

Que je bénis ces gueux* de rosses*
Dont les hilarités* féroces
Raillent la vierge Intelligence !

---

[1]   Dans cette section, Luc Lacourcière a regroupé les manuscrits de Nelligan qui n'avaient jamais été publiés du vivant du poète. Il s'agit de poèmes que Dantin avait laissés de côté.

[2]   Ce poème a fort probablement été écrit au printemps ou à l'été 1899.

XII.2 Prélude* triste[1]

Je vous ouvrais mon cœur comme une basilique* ;
Vos mains y balançaient jadis leurs encensoirs*
Aux jours où je vêtais des chasubles* d'espoirs
Jouant près de ma mère en ma chambre angélique.

5   Maintenant oh ! combien je suis mélancolique
Et comme les ennuis m'ont fait des joujoux noirs !
Je m'en vais sans personne et j'erre dans les soirs
Et les jours, on m'a dit : Va. Je vais sans réplique.

J'ai la douceur, j'ai la tristesse et je suis seul
10   Et le monde est pour moi quelque immense linceul*
Funéraire d'où soudain par des causes étranges

Je surgirai mal mort[2] dans un vertige fou
Pour murmurer tout bas des musiques aux Anges
Afin de retourner et mourir dans mon trou.

---

[1]   Nelligan a hésité, quant au titre, s'arrêtant d'abord à « À mon ange gardien », puis à « Sonnet aux Anges ».
[2]   D'une manière tragique et cruelle.

XII.3 Le Spectre

Il s'est assis aux soirs d'hiver
En mon fauteuil de velours vert
   Près de l'âtre*,
Fumant dans ma pipe de plâtre,
5 Il s'est assis un spectre* grand
Sous le lustre* de fer mourant
Derrière mon funèbre écran,

Il a hanté mon noir taudis
Et ses soliloques* maudits
10   De fantôme
L'ont empli d'étrange symptôme*.
Me diras-tu ton nom navrant,
Spectre ? Réponds-moi cela franc
Derrière le funèbre écran.

15 Quand je lui demandai son nom,
La voix grondant comme un canon
    Le squelette
Crispant sa lèvre violette
Debout et pointant le cadran
20 Le hurla d'un cri pénétrant
Derrière mon funèbre écran.

Je suis en tes affreuses nuits,
M'a dit le Spectre des Ennuis,
    Ton seul frère.
25   Viens contre mon sein funéraire
Que je t'y presse en conquérant.
Certe* à l'heure j'y cours tyran
Derrière mon funèbre écran.

Claquant des dents, féroce et fou,
30   Il a détaché de son cou
    Une écharpe,
De ses doigts d'os en fils de harpe,
Maigres, jaunes comme safran*
L'accrochant à mon cœur son cran[1],
35   Derrière le funèbre écran.

---

[1]   Entaille faite dans un corps dur pour accrocher quelque chose. Ici il est mis en apposition à *cœur*.

XII.4 La Vierge noire

Elle a les yeux pareils à d'étranges flambeaux
Et ses cheveux d'or faux sur ses maigres épaules,
Dans des subtils frissons de feuillages de saules,
L'habillent comme font les cyprès* des tombeaux.

5   Elle porte toujours ses robes par lambeaux,
Elle est noire et méchante ; or qu'on la mette aux geôles*,
Qu'on la batte à jamais à grands fouets de tôles.
Gare d'elle[1], mortels, c'est la chair des corbeaux !

Elle m'avait souri d'une bonté profonde,
10   Je l'aurais crue aimable et, sans souci du monde,
Nous nous serions tenus, Elle et moi, par les mains.

Mais, quand je lui parlai, le regard noir d'envie,
Elle me dit : Tes pas ont souillé mes chemins.
Certes tu la connais, on l'appelle la Vie !

---

[1]   Gare à elle, garde-toi d'elle.

XII.5 Soirs hypocondriaques*

Parfois je prends mon front blêmi
Sous des impulsions tragiques
Quand le clavecin* a frémi.

Et que les lustres* léthargiques
5   Plaquent leurs rayons sur mon deuil
Avec les sons noirs des musiques.

Et les pleurs mal cachés dans l'œil
Je cours affolé par les chambres
Trouvant partout que triste accueil.

10   Et de grands froids glacent mes membres
Je cherche à me suicider
Par vos soirs affreux, ô Décembres,

Anges maudits, veuillez m'aider.

EXERCICES

Le tableau suivant permet l'étude systématique d'un poème.

a. Versification
    a.1 Le poème (p. 184)
    a.2 La métrique (p. 179)
    a.3 La rime (p. 180)
    a.4 La rythmique (p. 182)

b. Figures de style
    b.1 Figures d'analogie (p. 185)
    b.2 Figures de répétition (p. 187)
    b.3 Figures d'opposition (p. 189)
    b.4 Figures d'expression (p. 190)

c. Thèmes (p. 191)
    c.1 Thème principal
    c.2 Thèmes secondaires

d. Mouvements
    d.1 Parnasse (p. 168)
    d.2 Symbolisme (p. 169)

I L'ÂME DU POÈTE

I.1 Clair de lune intellectuel

1. Relevez les termes qui renvoient aux sens. Peut-on parler de synesthésies (p. 186) ?
2. Expliquez en quoi consiste l'opposition dans les vers 9 à 12.
3. En quoi la chute du poème (v. 13) est-elle antithétique par rapport aux vers 1 et 7 ?

I.2 Mon âme

1. Comparez les deux premières strophes aux trois dernières.
2. Relevez les comparaisons et les métaphores (p. 185, 186) qui permettent de décrire l'âme du poète. Quelle conclusion pouvez-vous en tirer ?
3. Quelle opposition est à la base du poème ?

I.3 Le Vaisseau d'Or

1. Donnez un titre à chaque strophe du sonnet de façon à faire ressortir les quatre moments, les quatre séquences narratives, de l'aventure du « Vaisseau d'Or ».
2. Dans le premier quatrain, relevez et expliquez les qualifications qui annoncent le drame.
3. Quel terme marque l'opposition entre les quatrains ?
4. Relevez dans les deux quatrains les éléments qui s'opposent.
5. Sur quoi repose l'opposition entre le premier tercet et le premier quatrain ?
6. Pourquoi les flancs doivent-ils, selon une certaine logique, être « diaphanes » (v. 9) ?
7. Qui sont les « marins profanes » ? Expliquez en quoi l'adjectif « profanes » (v. 10) est un choix juste.
8. Quelle figure d'expression (p. 190), le poète utilise-t-il pour faire ressortir l'importance de certains éléments dans la tragédie du « Vaisseau d'Or » ?
9. Quelle allégorie (p. 186) est à la base du poème ?

10. Dans le cadre de sa vie (Les moments importants de sa vie, p. 153) et de ses amours (L'amour, p. 192), que pourraient représenter chez Nelligan, « Dégoût, Haine et Névrose » et « l'abîme du Rêve » ?

II LE JARDIN DE L'ENFANCE

II.1 Clavier d'antan

1. Identifiez l'opposition sur laquelle se structure le poème.
2. Divisez le poème en fonction de cette opposition.
3. Quel champ lexical ressort tout particulièrement ? Relevez les termes qui s'y rapportent. Expliquez les particularités de ce champ lexical pour chaque partie du poème.

II.2 Devant mon berceau

1. Divisez le poème en deux parties et donnez-leur un titre.
2. Quelle figure d'analogie (p. 185) unifie la seconde partie ?
3. Deux champs lexicaux dominent et s'interpénètrent. Quels sont-ils ? Relevez-en les termes et montrez comment ils s'interpénètrent.
4. Relevez quelques antithèses ou oppositions (p. 189).
5. À partir des données fournies dans le poème, dites comment apparaît la mère.

II.4 Devant le feu

1. Trouvez-les deux parties du poème et donnez-leur un titre.
2. Dégagez l'opposition qui sous-tend le poème.
3. Identifiez et expliquez la comparaison qui clôt le sonnet.

II.6 Devant deux portraits de ma mère

1. Relevez les caractéristiques de chacun des portraits.

2. Comparez-les et faites-en ressortir le caractère anti-thétique.
3. Expliquez les métaphores (p. 186) du vers 11.
4. Expliquez les causes de la position ambiguë du poète par rapport à sa mère.
5. Montrez que, sur les plans du contenu et du contenant, les portraits s'opposent non seulement entre eux, mais aussi en eux-mêmes.
6. Comparez les poèmes « Ma mère » (II.5) et « Devant deux portraits de ma mère » (portrait de la mère et relation mère-fils).

II.7 Le Jardin d'antan

1. Que suppose le mot « aussi » (v. 1) ?
2. Le poème se structure sur une opposition. Identi-fiez-la. Quel mot marque la transition entre les deux parties du poème ?
3. Quelles sont les deux périodes de la vie qui s'oppo-sent dans le poème ? Décrivez-les.
4. Pourquoi le jardin est-il « clos », « muet » ?
5. Quelle valeur a le pronom « nous » dans le poème ?
6. Expliquez comment Nelligan s'y est pris pour don-ner un rythme tout à fait particulier à ce poème.

II.8 La Fuite de l'enfance

1. Montrez que le retour sur le passé est à la fois spa-tial et temporel.
2. Relevez ce qui est associé à l' « Enfance » et ce qui l'est aux « Vingt ans ». Quelle conclusion pouvez-vous en tirer ?

III Amours d'élite

III.2 Caprice blanc

1. Précisez en quoi le poème est parnassien (p. 168).
2. Identifiez le rejet (p. 183) et expliquez-en l'impor-tance.

3. Quelle couleur prédomine ? Relevez les termes qui le prouvent. Quels sont les éléments qui ajoutent une teinte différente au tableau ?

4. Comparez ce poème à « Soir d'hiver » (IV.2).

III.3 Placet

1. Relevez les synesthésies (p. 186).

2. Pourquoi la mer est-elle « idéale » et l'ouragan « se ferle »-t-il (v. 12) ?

3. En quoi ce poème est-il précieux ?

III.6 Amour immaculé

1. À la base du poème, il y a une comparaison (p. 185). Identifiez-la et trouvez le mot de comparaison utilisé.

2. Montrez que les particularités matérielles de la « Sainte aux yeux bleus » deviennent les caractéristiques morales de la « romanesque aimée ».

3. Nelligan réussit souvent à terminer son sonnet par une image percutante. C'est le cas ici, au vers 14. Expliquez cette image.

III.7 Châteaux en Espagne

1. Quelle opposition structure le sonnet ? Délimitez-en les parties.

2. Relevez les allusions historiques et mythologiques et expliquez-les.

3. Comment les relations hommes/femmes sont-elles présentées ?

4. En quoi le titre est-il ici bien choisi ?

5. Paul Wyczynski affirme : « Le "je" romantique se projette dans un canevas parnassien » (*Nelligan 1879-1941*, p. 223). Démontrez-le (p. 168).

III.8 Chapelle de la morte

1. Quel champ lexical est privilégié dans ce poème ? Relevez les termes qui y renvoient.

2. Quelle allégorie (p. 186) est à la base du poème ? Identifiez-en les éléments.

III.9 Beauté cruelle

1. Tracez le portrait de la « Beauté cruelle ».
2. Relevez les oppositions et antithèses (p. 189) du sonnet.
3. En partant de la prémisse que la « Beauté cruelle » et la « sœur d'amitié » (« Rêve d'artiste », III.1) sont bien Robertine Barry (L'amour, p. 192), montrez l'évolution du sentiment que lui porte Nelligan.

IV LES PIEDS SUR LES CHENETS

IV.1 Rêves enclos

1. Bien que Gretchen ne soit pas nommée, quels éléments permettent d'associer ce poème à « Five o'clock » (IV.3), « Gretchen la pâle » (IV.5) et « Frisson d'hiver » (IV.11) ?

IV.2 Soir d'hiver

1. Relevez les répétitions (p. 187) à tous les niveaux : sons, mots, syntagmes, tournures, vers, strophes.
2. Relevez les figures d'expression (p. 190).
3. Quel sentiment domine ? Relevez les termes qui le confirment.
4. Expliquez sur quoi repose l'opposition entre les couleurs blanc et noir dans le poème.
5. Expliquez sur quoi repose l'opposition entre l'eau sous sa forme liquide et l'eau sous sa forme solide.
6. Expliquez comment se structure l'opposition entre l'intérieur et l'extérieur.

IV.3 Five o'clock

1. Montrez l'originalité de la structure strophique du poème.
2. Quels sont les deux champs lexicaux privilégiés ? Relevez les termes qui s'y rapportent.

3. Décrivez l'opposition entre l'intérieur et l'extérieur.

IV.4 Gretchen la pâle
1. Décrivez Gretchen.
2. Comparez l'image de la femme avec celle qu'on retrouve dans « Le Vaisseau d'Or » (I.3).

IV.6 Le Violon brisé
1. Quel parallèle est à la base du poème ?
2. Relevez les répétitions (p. 187) de tous ordres.

IV.9 Violon d'adieu
1. Relevez les synesthésies (p. 186).
2. Les poèmes « Le Violon brisé », « Chopin » et « Violon d'adieu » mettent en scène une musicienne pour laquelle « je » éprouve de l'amour. À l'aide des trois poèmes, dégagez les constantes du cycle de la musicienne.

IV.12 Soirs d'Octobre
1. Relevez les figures d'expression (p. 190).
2. Quels éléments permettent de placer ce poème dans le cycle de Gretchen ?
3. Expliquez la métaphore (p. 186) qui clôt le poème.

V Virgiliennes

V.3 Rêve de Watteau
1. Relevez les métaphores (p. 186) du dernier tercet et expliquez-les.
2. Quel sens est privilégié ? Relevez tous les éléments qui s'y rapportent.
3. Expliquez « âmes vierges de luttes, / Pleines de blanc naguère » (v. 5-6).
4. Quels sont les éléments de ce tableau champêtre ?
5. Quel élément n'est pas à sa place ? Est-ce le même dans « Presque berger » (V.5) ?

V.4 Tarentelle d'automne
1. Décrivez les éléments qui créent le rythme particulier de ce poème. Selon vous, quel en est l'effet ?
2. Relevez et expliquez les métaphores (p. 186) des strophes 2 et 3.
3. Le thème de la chute des feuilles est-il traité de la même façon dans « Sérénade triste » (X.5) ? Illustrez-le.

V.6 Bergère
1. Relevez les différences entre les deux strophes.
2. Sur quelle opposition se structure le poème ?
3. Si vous aviez à placer le poème dans un des cycles amoureux de l'œuvre nelliganienne [Françoise, Gretchen, la jeune morte, la musicienne (p. 192)], lequel choisiriez-vous et pourquoi ?

VI EAUX-FORTES FUNÉRAIRES

VI.1 Les Vieilles Rues
1. Dégagez la structure du poème.
2. Quelle personnification (p. 187) est à la base du poème ?
3. Décrivez les particularités rythmiques du poème.
4. Identifiez et expliquez les deux comparaisons (p. 185) des strophes 2 et 3.

VI.3 Les Corbeaux
1. Quel champ lexical est privilégié ici ? Relevez les termes qui y renvoient.
2. Quelle est l'allégorie (p. 186) à la base du poème ?
3. Dans « Le Vaisseau d'Or » (I.3), qui représenterait les corbeaux ?
4. Le corbeau joue-t-il le même rôle dans « Ténèbres » (X.10) et « La Vierge noire » (XII.4) ?

VI.4 Le Corbillard
1. Sur le plan de la versification, quelle est la caractéristique qui singularise le poème (p. 184) dans l'ensemble de la production nelliganienne ?

2. Divisez le poème en deux parties et donnez-leur un titre.

3. Quel champ lexical est privilégié ?

VI.6 Banquet macabre

1. Relevez les figures d'expression (p. 190).

2. Quel élément renvoie à « Beauté cruelle » (III.9) ?

3. Montrez que se conjuguent dans ce poème les thèmes du « Vaisseau d'Or » (I.3) et de « La Romance du vin » (X.11). Y a-t-il des différences ? Si oui, lesquelles ?

4. Quelle image du poète ressort ici ?

VI.7 Confession nocturne

1. Expliquez la métaphore (p. 186) du vers 2.

2. Relevez les deux enjambements (p. 183) et justifiez-en l'utilité.

3. Pourquoi, malgré le sujet traité, ce poème est-il acceptable sur le plan de l'orthodoxie catholique ?

VI.9 Le Cercueil

1. À quelle peur ancestrale fait référence le début du poème ?

2. Relevez les termes du champ lexical de la mort.

3. Expliquez l'opposition entre le poème dans son ensemble et le dernier quatrain.

4. Relevez les antithèses (p. 189) du dernier quatrain.

VII PETITE CHAPELLE

VII.3 Rêve d'une nuit d'hôpital

1. Comparez ce poème à « Billet céleste » (VII.2).

VII.4 Le Cloître noir

1. L'emploi d' « étoffé » (v. 1) au lieu d' « étouffé » vous semble-t-il une « image plus neuve, sinon plus juste » (note 2, p. 80) ?

---

2. Qu'est-ce que le poème fournit comme indication sur les monastères ?
3. Décrivez l'opposition entre les portraits physique et moral des moines.
4. Expliquez en quoi consiste l'opposition entre les deux versions du poème (note 1, p. 80).
5. Expliquez pourquoi Dantin ne pouvait publier la version « Les Moines noirs » (voir « Le Puits hanté », IX.3).

VII.6 Les Carmélites
1. Comparez « Les Carmélites » et « Le Cloître noir » (VII.4).

VII.7 Notre-Dame-des-Neiges
1. Comment apparaît Sainte Notre-Dame-des-Neiges ?
2. Identifiez l'allusion politique du poème. La version asilaire ajoute-t-elle des précisions ?
3. Pourquoi Montréal est-elle décrite comme une « ville d'argent au collier de neige » (v. 15) ?
4. Comment peut-on interpréter la finale (v. 31-32) du poème ?

VIII Pastels et Porcelaines

VIII.1 Fantaisie créole
1. Quelle particularité des rimes (p. 180), qui va à l'encontre de la norme, retrouve-t-on ?
2. Identifiez la métaphore (p. 186) que crée Nelligan en ne répétant que partiellement un même vers.

VIII.4 Le Soulier de la morte
1. À partir des indications temporelles, dégagez la structure du poème.
2. À quoi sont respectivement associées les couleurs auxquelles fait allusion le poème ?
3. Expliquez la métaphore finale (p. 186).

VIII.5 Potiche

1. Quelle allégorie (p. 186) est à la base du rondel ?
2. Identifiez les deux parties du poème et donnez-leur un titre.
3. Quels sont les éléments picturaux peints sur le ou la potiche ?
4. Le choix du terme « potiche » vous semble-t-il approprié ?
5. Décrivez l'âme de « je ».
6. Quelle importante différence y a-t-il entre le vase d'Égypte et l'âme de « je » ?

IX VÊPRES TRAGIQUES

IX.1 Musiques funèbres

1. Montrez que la détresse de « je » suit une courbe ascendante.
2. Relevez les deux grands champs lexicaux et montrez comment ils s'interpénètrent.
3. Quelles indications permettent de situer spatialement « je » ?
4. Relevez les figures d'expression (p. 190). Que remarquez-vous en ce qui a trait à leur répartition dans le poème ?
5. Comparez ce poème avec « Le Spectre » (XII.3).

IX.3 Le Puits hanté

1. Qu'implique le « ce » (v. 2) ?
2. Que marque le « voilà » (v. 5) ?
3. Êtes-vous d'accord avec Dantin qui affirme que « prêtre fou » (v. 5) corsait beaucoup plus le petit drame (note 1, p. 93) ? Justifiez votre réponse.
4. Dans le contexte de la fin du XIXᵉ siècle québécois, comment peut se justifier l'adjectif « fou » accolé au prêtre ?

IX.4 L'Idiote aux cloches

1. Donnez un titre aux parties du poème et montrez-en la progression narrative.
2. Que symbolise l'obtention des cloches ?
3. Comparez l'idiote aux cloches au « je » de « La Romance du vin » (X.11) et au poète d' « Un poète » (XI.10).
4. Comparez ce poème au « Fou » (XI.7).

X Tristia

X.1 Le Lac

1. Quel événement tragique est ici rappelé ?
2. Expliquez la métaphore (p. 186) du dernier quatrain.

X.4 Christ en croix

1. Relevez les termes qui décrivent le poète. Dégagez-en le portrait.
2. Y a-t-il des termes qui permettent de dire qu'il s'agit de Nelligan ? Si oui, lesquels ?
3. Le terme « bellâtre » est-il bien choisi ? Justifiez votre réponse.
4. Identifiez et expliquez la métaphore (p. 186) en chute de poème.

X.5 Sérénade triste

1. Relevez les répétitions (p. 187) qui caractérisent le rythme de ce poème (anaphores, allitérations, répétitions, parallélisme, etc.).
2. Quelle opposition est à la base du poème ?
3. Justifiez le titre du poème.

X.6 Tristesse blanche

1. Quelle opposition est à la base du poème ?
2. Relevez les termes qui servent à définir l'Idéal et classez-les
3. Comment expliquer que « l'île des Mensonges » (v. 5) représente l'Idéal ?

X.8 La Passante

1. Quelle comparaison (p. 185) est à la base du poème ?
2. Retracez les deux parties du poème et donnez-leur un titre.
3. Relevez et classez les termes qui caractérisent la passante. De là, tracez-en le portrait.
4. Dans le dernier tercet, quelle métaphore (p. 186) décrit et la passante et la jeunesse ?
5. Montrez que la symbolisation de la jeunesse par la passante permet de souligner, entre autres, l'opposition entre « je » et le monde.
6. Comment la jeunesse apparaît-elle dans ce poème ?

X.10 Ténèbres

1. Quelles sont les deux périodes temporelles auxquelles fait allusion le poème ? Pour chacune, donnez la métaphore (p. 186) qui souligne leur disparition.
2. Par quelle activité intellectuelle, « je » espère-t-il les faire revivre ?
3. Qu'est-ce qui explique l'échec de sa tentative de les faire renaître ?
4. Des deux versions du vers 1 (note 1, p. 106), laquelle préférez-vous ? Laquelle vous semble la plus juste ? Justifiez votre réponse.

X.11 La Romance du vin

1. Dégagez la structure du poème.
2. Qu'implique le mot « naguères » (v. 3) ?
3. Relevez les figures d'expression (p. 190).
4. Relevez les figures de répétition (p. 187).
5. Relevez les synesthésies (p. 186).
6. Comment « je » perçoit-il l'amour ?
7. Décrivez le poète tel qu'il apparaît dans ce poème.
8. En quoi consiste l'Idéal (v. 22) dont parle « je » ?
9. Qu'est-ce qui explique le « dédain » de « je » envers « la foule méchante » (v. 12) ?
10. Relevez tout ce qui contredit la gaieté de « je ».

XI PIÈCES RETROUVÉES

XI.2 Vieux Piano

1. Relevez les termes qui marquent la personnification (p. 187) du piano.
2. Quelle comparaison (p. 185) est à la base du poème ?

XI.4 Sur un portrait de Dante II

1. À l'aide de ce que vous connaissez de *La Divine Comédie*, expliquez les vers 1, 2, 3, 6, 7, 9 et 13.
2. Relevez les termes utilisés par Nelligan pour valoriser l'œuvre de Dante.

XI.5 Sieste ecclésiastique

1. Relevez les extraits qui renvoient à un des sept péchés capitaux (avarice, colère, envie, gourmandise, luxure, orgueil, paresse).
2. Quelle inversion subversive pour l'époque contient le premier tercet ?
3. En quoi un tel poème pouvait, à la fin du XIXe siècle, passer pour anticlérical ?

XI.8 *Je sens voler*

1. Quelle allégorie (p. 186) est à la base de l'extrait ? Relevez les termes qui s'y rapportent.
2. Qui est responsable de l'échec ? Quelle en est la conséquence ?
3. Commentez l'affirmation de Dantin à la note 1, p. 117.

XI.9 À une femme détestée

1. Relevez les termes qui caractérisent la femme respectivement sur les plans physique et moral. Quelle différence y a-t-il entre les deux plans ?
2. À partir des poèmes du cycle de Françoise (p. 194), dégagez l'évolution du sentiment amoureux.
3. De façon purement hypothétique, en quoi pourrait consister la méprise dont il est question dans le poème ?

XI.10 Un poète

1. Relevez et classez les termes qui se rapportent au poète. Quel portrait du poète s'en dégage-t-il ?
2. Comparez-le avec celui que laisse apparaître « La Romance du vin » (X.11).

XI.11 Berceuse

1. Qu'est-ce qui donne à ce poème son rythme particulier ?
2. Que mettent en évidence les deux rejets ?
3. Identifiez les éléments de la gradation (p. 189) sur laquelle s'arc-boute le poème.
4. Sur le plan de la métrique (p. 179), qu'est-ce qui caractérise la chute du poème ?

XII POÈMES POSTHUMES

XII.3 Le Spectre

1. Dégagez la structure du texte.
2. Relevez les éléments qui permettent de situer spatialement « je ».
3. Relevez et classez les termes qui se rapportent au spectre. Faites-en le portrait.
4. Quel vers montre que « je » attendait avec impatience le spectre ?
5. Que symbolise le spectre ?

XII.4 La Vierge noire

1. Quelle allégorie (p. 186) est à la base du poème ?
2. À partir des éléments fournis dans le poème, tracez le portrait de la « Vierge noire ». Quelle opposition ressort ?
3. Expliquez en quoi le titre est bien choisi.
4. Qu'est-ce que ce poème a en commun avec « Les Corbeaux » (VI.3) ?

XII.5 Soirs hypocondriaques

1. Montrez que les actions de « je » suivent la courbe ascendante de sa détresse.
2. Identifiez la personnification (p. 187) de la quatrième strophe.
3. Qui sont les « anges maudits » (v. 13) ? Pour les identifier, aidez-vous de « Confession nocturne » (VI.7).
4. Quel thème revient dans les cinq poèmes de la section « Poèmes posthumes » ? Pour chaque poème, donnez l'élément qui illustre le mieux le thème.

La Presse

Le 260 de la rue Laval (aujourd'hui le 3958), dernière résidence du poète avant son internement. Sa chambre donnait sur le balcon, à l'étage.

ANALYSES, DISSERTATIONS, ESSAIS

1. Y a-t-il un temps et un espace nelliganiens ?

2. Est-ce que les couleurs *or*, *blanc*, *noir* résument l'essentiel de l'œuvre nelliganienne ?

3. Explorez le thème de l'amour chez Nelligan.

4. Commentez cette opinion de Dantin : « Nelligan, souvent symboliste par sa conception des entités poétiques, est presque toujours parnassien par leur expression. [...] Ainsi, de ses attaches symbolistes et de son culte parnassien, naît une originalité composite, assez bien balancée toutefois, et qui embrasse et élargit l'un et l'autre genre[1] ».

5. À l'opposé du poète romantique, le poète symboliste « s'isole superbement du public, n'écrit plus pour être compris, ne cherche plus à conduire le peuple, et tend vers la Beauté et la Poésie pures[2] ». Commentez.

6. Décrivez le mal de vivre, le spleen nelliganien.

7. Peut-on dire que Nelligan est essentiellement un poète de l'espace fermé et de l'intériorité ?

8. Décrivez les différents visages de l'Idéal dans l'œuvre de Nelligan.

---

[1]   *Émile Nelligan et son œuvre*, p. xxiii.
[2]   *La France et sa littérature de 1715 à nos jours*, p. 569.

Tableau synoptique
1879-1941

Année	Histoire	Vie culturelle et littéraire	Vie et œuvre de Nelligan
1879	Fondation du journal libéral *La Patrie* par Honoré Beaugrand.	*La Maison de poupée* de Henrik Ibsen.	Naissance à Montréal d'Émile Nelligan (24 décembre).
1880	L'hymne *Ô Canada* d'Adolphe-Basile Routhier.	Obtention par Louis Fréchette d'un des prix Montyon de l'Académie française pour *Les Fleurs boréales et Les Oiseaux de neige*. Les *Contes* de Guy de Maupassant.	
1881	Population du Québec : 1 359 027.	*Angéline de Montbrun* de Laure Conan. *Sagesse* de Paul Verlaine.	Naissance d'Éva, sœur d'Émile Nelligan (29 octobre).
1882	Majorité canadienne-française au Conseil municipal de Montréal.	*Œuvres complètes* d'Octave Crémazie.	
1883	Début de la colonisation du Témiscamingue.	*Ainsi parlait Zarathoustra* de Friedrich Nietzsche.	Emménagement de la famille Nelligan au 195 Bleury (printemps). Naissance de Gertrude, sœur d'Émile Nelligan (22 août).
1884		Fondation du journal *Le Monde illustré*. *Poèmes tragiques* de Leconte de Lisle.	
1885	Pendaison de Louis Riel (16 novembre).	Fondation du Cercle littéraire et musical de Montréal.	Élève à l'Académie de l'archevêché (septembre - juin 1885).

144

1886	Invention du Coca-Cola par l'Américain John Pemberton.	Les Illuminations d'Arthur Rimbaud.	Emménagement de la famille Nelligan au 112 Laval près du carré Saint-Louis (printemps). Élève à l'École Olier (31 août 1886 - juin 1890).
1887	Honoré Mercier, premier ministre du Québec (29 janvier). Wilfrid Laurier, chef du Parti libéral fédéral.	La Légende d'un peuple de Louis Fréchette.	
1889		Début du Samedi (14 juin).	
1890	Début de la question des écoles au Manitoba.		Externe au Mont-Saint-Louis (2 septembre 1890 - 22 juin 1893).
1891	Destitution d'Honoré Mercier.	Bonheur de Paul Verlaine.	
1892	Apparition des tramways électriques à Montréal.	Liturgies intimes de Paul Verlaine.	Emménagement de la famille Nelligan au 260 Laval (printemps).
1893	Ruines cléricales attribuées à Aristide Filiatreault, (pamphlet anticlérical). Construction, aux États-Unis, de la première voiture d'Henry Ford.	Élégies de Paul Verlaine. Vers et Prose de Stéphane Mallarmé. Les Trophées de José Maria de Heredia.	Externe au Collège de Montréal (septembre 1893 - juin 1895).
1895	Première projection du cinématographe Lumière (28 décembre).	Fondation de l'École littéraire de Montréal.	

Année	Histoire	Vie culturelle et littéraire	Vie et œuvre de Nelligan
1896	Découverte d'or au Klondike. Élections fédérales (23 juin) : Wilfrid Laurier, libéral, premier ministre. Présentation à Montréal de « photographies animées » par des cirques ambulants.	L'Avenir du peuple canadien-français d'Edmond de Nevers.	Entrée au Collège Sainte-Marie (2 mars 1896 - mars 1897). Première rencontre avec le père Eugène Seers (Louis Dantin) lors d'un bazar au profit des pères du Très Saint-Sacrement. Sous le pseudonyme d'Émile Kovar, parution de son premier poème « Rêve fantasque » (13 juin) dans Le Samedi où paraîtront ses neufs premiers poèmes (13 juin –19 septembre).
1897	Encyclique Affari Vos de Léon XIII. Élections québécoises (24 mai) : Félix-Gabriel Marchand, libéral, premier ministre.	Divagations de Stéphane Mallarmé. Cyrano de Bergerac d'Edmond Rostand.	Membre de L'École littéraire de Montréal (10 février) sur présentation des poèmes « Berceuse » et « Le Voyageur ». Parution de « Vieux Piano » signé « Émil Nelligan » dans Le Monde illustré (29 mai).
1898	Découverte du radium par Marie et Pierre Curie.	La Guerre des mondes de H. G. Wells.	Réadmission comme membre de l'École littéraire de Montréal (9 décembre). Participation à la première séance publique de l'École littéraire de Montréal (29 décembre).

Année			
1899	Triomphe à la quatrième séance publique de l'École littéraire de Montréal avec « La Romance du Vin » (26 mai). Internement à la Retraite Saint-Benoît-Joseph-Labre (9 août) à l'âge de 19 ans.		Départ du premier contingent canadien pour la guerre des Boers en Afrique du Sud.
1900	*Franges d'autel*, anthologie de poèmes religieux, préparée par Serge Usène (Louis Dantin) et qui contient 5 poèmes de Nelligan. *Les Soirées du Château de Ramezay*, ouvrage collectif de l'École littéraire de Montréal qui contient 17 poèmes de Nelligan.	*La Chasse-galerie* d'Honoré Beaugrand.	Fondation à Lévis de la première caisse populaire par Alphonse Desjardins.
1901			Population du Québec : 1 648 898. Mort de la reine Victoria, Édouard VII lui succède.
1902	Visite d'Émile Nelligan à son fils (novembre). Parution de l'étude « Émile Nelligan » de Louis Dantin dans *Les Débats* (17 août - 28 septembre) qui deviendra la préface à *Émile Nelligan et son œuvre*.	Fondation de la Société du parler français au Canada. Début du *Journal de Françoise* de Robertine Barry.	
1903	Abandon par Louis Dantin de l'édition d'*Émile Nelligan et son œuvre* (septembre).		Fondation de la Ligue nationaliste canadienne.

ANNÉE	HISTOIRE	VIE CULTURELLE ET LITTÉRAIRE	VIE ET ŒUVRE DE NELLIGAN
1904	Début du *Nationaliste* d'Olivar Asselin. Séparation de l'Église et de l'État en France (loi Combes).	Condamnation par Mgr Bruchési du roman *Marie Calumet* de Rodolphe Girard.	Parution d'*Émile Nelligan et son œuvre* (février). Mariage de Gertrude Nelligan, sœur du poète, et d'Émile Corbeil (24 octobre).
1906		Dévoilement du buste d'Octave Crémazie au carré Saint-Louis à Montréal (24 juin).	
1909		Début de la revue *Le Terroir*.	
1910	21e Congrès eucharistique à Montréal. Fondation du *Devoir* par Henri Bourassa.	*Les Phases* de Guy Delahaye.	Mort de Robertine Barry (Françoise), « sœur d'amitié » du poète (7 janvier).
1911		*Le Paon d'émail* de Paul Morin.	
1913		*Alcools* de Guillaume Apollinaire. *Du côté de chez Swann* de Marcel Proust.	Mort d'Arthur de Bussières, ami du poète (7 mai). Mort, à 57 ans, d'Émilie Nelligan, mère du poète (6 décembre).
1914	Début de la Première Guerre mondiale.	*Le Débutant* d'Arsène Bessette, condamné par Mgr Paul Bruchési.	
1916		*Maria Chapdelaine* de Louis Hémon.	

1917	Révolution d'Octobre en Russie. *Introduction à la psychanalyse* de Sigmund Freud.	Premier numéro de l'*Action française*.	
1918	Armistice (11 novembre).	Début du journal *Le Nigog*. *La Scouine* d'Albert Laberge.	Mort, à 47 ans, de Charles Gill, ami du poète (16 octobre).
1919	Fondation à Genève de la Société des nations.	*Le Cap éternité* de Charles Gill.	
1920		*Les Atmosphères* de Jean-Aubert Loranger.	
1921	Population du Québec : 2 360 150.	Adoption par le gouvernement canadien de la loi sur le droit d'auteur.	
1922	Fondation de CKAC, première station radiophonique de langue française.	*Ulysse* de James Joyce. *Mon encrier* de Jules Fournier.	
1924		*Manifeste du surréalisme* d'André Breton.	Mort de David Nelligan, père du poète, à l'âge de 76 ans (11 juillet).
1925	*Mein Kampf* d'Adolf Hitler.	*Le Procès* de Franz Kafka. Tournage de *La Ruée vers l'or* de Charlie Chaplin.	Mort de Gertrude Nelligan-Corbeil, sœur du poète, à l'âge de 42 ans (5 mai). Départ de la Retraite Saint-Benoit-Joseph-Labre (20 octobre) et entrée à l'Hôpital Saint-Jean-de-Dieu (23 octobre). Deuxième édition d'*Émile Nelligan et son œuvre*.

ANNÉE	HISTOIRE	VIE CULTURELLE ET LITTÉRAIRE	VIE ET ŒUVRE DE NELLIGAN
1927	Fondation de l'Alliance canadienne pour le vote des femmes par Idola Saint-Jean.	*Thérèse Desqueyroux* de François Mauriac.	
1929	Krach à la Bourse de New York, début de la Grande Dépression (24 octobre).	*À l'ombre de l'Orford* d'Alfred DesRochers.	
1931		*Les Bengalis*, recueil posthume d'Arthur de Bussières.	
1932	Invention de la motoneige à hélice par Joseph-Armand Bombardier et Edmond Fontaine.	*Voyage au bout de la nuit* de Louis-Ferdinand Céline.	Première de l'émission radiophonique « L'heure provinciale » sur Nelligan. Troisième édition d'*Émile Nelligan et son œuvre* (septembre).
1933	Adolf Hitler au pouvoir en Allemagne. Invention du *Monopoly*.	*La Condition humaine* d'André Malraux. *Un homme et son péché* de C.-H. Grignon.	
1934	Naissance des quintuplées Dionne en Ontario.	*Tropiques du cancer* de Henry Miller. *Poèmes d'Hankéou* d'Alain Grandbois. Mise à l'index des *Demi-Civilisés*, roman de Jean-Charles Harvey.	
1935	*La Flore laurentienne* du frère Marie-Victorin.	*L'École littéraire de Montréal* de Jean Charbonneau qui marque la fin de l'institution.	

1936	Début de la guerre civile espagnole. À Québec, accession au pouvoir de Maurice Duplessis (Union nationale).	*Les Temps modernes* de Charlie Chaplin
1937	Loi du cadenas contre le communisme.	*Guernica* de Picasso. Fondation de la troupe « Les Compagnons de Saint-Laurent » par le père Émile Legault. *Menaud, maître-draveur* de Félix-Antoine Savard. *Regards et jeux dans l'espace* de Saint-Denys Garneau.
1938	Fondation de l'École des sciences sociales et politiques de l'Université Laval par le père Georges-Henri Lévesque.	*La Nausée* de Jean-Paul Sartre. *Trente arpents* de Ringuet.	Allégations de Claude-Henri Grignon qui met en doute l'authenticité des poèmes de Nelligan (mars).
1939	Début de la Deuxième Guerre mondiale. Fabrication du nylon par Du Pont de Nemours.	*Les Raisins de la colère* de John Steinbeck. *Terre des hommes* d'Antoine de Saint-Exupéry.	
1940	Obtention, à Québec, du droit de vote pour les femmes.		
1941	Population du Québec : 3 331 882.	Fondation des Éditions Fides.	Mort du poète, le 18 novembre à 14 h 15, dans sa chambre de l'Hôpital Saint-Jean-de-Dieu.

Gertrude et Éva, sœurs d'Émile Nelligan, et au centre, leur cousine Béatrice Hudon (future madame Campbell).

LES MOMENTS
IMPORTANTS DE SA VIE

L'ENFANCE

Le 24 décembre 1879, Émile Nelligan naît au 602, rue Lagauchetière à Montréal. Son père David Nelligan, alors âgé de 31 ans, est arrivé avec ses parents de son Irlande natale en 1855 ou 1856. Entré aux Postes comme commis en 1867, il y est inspecteur adjoint à partir de 1877, en charge de la Gaspésie. À l'été 1874, en tournée d'inspection, il rencontre au bureau de postes de Rimouski, Émilie-Amanda Hudon, de huit ans sa cadette, qu'il épouse le 15 juin 1875. En plus d'Émile, le couple aura deux filles : Éva le 29 octobre 1881 et Gertrude le 22 août 1883.

Émile Nelligan fait son cours primaire successivement à l'École de l'archevêché (1885-1886), puis à l'École Olier (31 août 1886-juin 1890) et finalement au Mont-Saint-Louis (2 septembre 1890-24 juin 1893). Il entre ensuite comme externe en éléments latins, première année du cours classique[1], au Collège de Montréal. À cause de ses résultats médiocres, – il est dernier de sa section –, il recommence son année en 1894-1895. Cette fois, malgré plusieurs absences, ses notes sont plus satisfaisantes ; il obtient même des prix en latin, en orthographe ainsi qu'en histoire et géographie. Mais, arguant son comportement rêveur et son manque de motivation, son titulaire

---

[1] Équivalent du secondaire et du collégial actuels : éléments latins (sec. I), syntaxe (sec. II).

de classe, Jean-Baptiste Porcher, lui conseille de changer d'institution. En mars 1896, il entre en syntaxe au Collège Sainte-Marie À cause de ses piètres résultats, – il obtient 273 points sur 900 en juin 1896 –, il double sa syntaxe. L'année scolaire 1896-1897 n'est guère plus reluisante : Nelligan obtient 379 points sur 900 en juin 1897. Dans les faits, il avait quitté l'institution en mars 1897. Son père pense alors à lui trouver un emploi chez un fleuriste et un marchand de charbon, mais le fils s'y oppose : il veut consacrer sa vie à la poésie.

Alors qu'enfant, Émile se promène et va à des spectacles avec son père, ses insuccès scolaires enveniment leurs relations. Quand, de retour de ses tournées d'inspection en Gaspésie, le père demande à voir le bulletin scolaire du fils, celui-ci l'a toujours oublié. Il note les dates de retour de son père et s'éclipse. Selon Lucien Lemieux, compagnon de Nelligan à Cacouna, il aurait même un jour demandé à sa mère : « Est-ce que cet Irlandais doit revenir aujourd'hui ? » Les relations entre le père et le fils ne cessent de se détériorer : cris, mots durs, « claques bien administrées » en sont les marques sensibles. Le père voit d'un mauvais œil le désir de son fils d'être poète. Il « n'était point pour la poésie, il était pour la prose », affirme Béatrice Hudon-Campbell, la cousine du poète. À l'occasion, dans l'espoir de l'empêcher d'écrire, le père jette ou brûle les papiers de son fils et lui coupe le gaz. Nelligan écrit alors à la lueur de chandelles chapardées dans les églises. Quant à la mère, à qui va toute la tendresse du fils, musicienne, elle comprend mieux ce désir d'être poète.

CACOUNA

Dans la seconde moitié du XIXe siècle, Cacouna, à une douzaine de kilomètres de Rivière-du-Loup, est un haut lieu de villégiature que fréquente entre autres la bourgeoisie montréalaise. La famille Nelligan y passe assez régulièrement ses vacances à partir de l'été 1886. Dans son *Journal*, Lucien Lemieux donne une idée des vacances de Nelligan en 1898.

> 8 juillet : « Je vais en chaloupe avec Denis Lanctôt et Émile Nelligan [;] nous passons l'après-midi au gros Cacouna ».
>
> 18 juillet : « Je passe l'après-midi sur la grève avec Émile Nelligan ».
>
> 19 juillet : « Je soupe chez Émile Nelligan ».
>
> 23 juillet : « Tous nos amis veillent chez nous[.] Émile Nelligan déclame de fort jolies choses ».
>
> 26 juillet : « Fête de Sainte-Anne [.] Dans l'après-midi je vais en voiture avec Émile Nelligan et Denis Lanctôt à la Pointe[.] En revenant nous arrêtons au Salut à la chapelle Sainte-Anne[.] Sermon par l'abbé Benjamin Demers[.] Bénédiction du Saint-Sacrement donnée par l'abbé Ludger Blais ».
>
> 30 juillet : Je dîne dans la famille Lanctôt avec M. [et] Mme Lanctôt[,] Mlle Prendergast, Denis, Albert et Oscar Lanctôt et Émile Nelligan ».
>
> 25 août : « Je vais à la Station reconduire Émile Nelligan qui quitte [Cacouna] pour Montréal[2].

À la mort de Nelligan en 1941, Lucien Lemieux trace un dernier portrait du poète de cette époque :

> La poésie seule l'intéressait et il cultivait sa mélancolie. Il n'acceptait aucune contrariété, aucune remarque. Dans nos petites réunions on ne pouvait jamais compter sur lui. Il venait si ça lui plaisait. Quelquefois il était très gai. Il chan-

---

[2]   Paul Wyczynski, *Nelligan 1879-1941*, p. 229-230.

tait, récitait des vers, les siens et ceux des poètes qu'il aimait. Puis, tout à coup, il tombait dans des jongleries comme s'il avait été seul. Les jeunes filles l'aimaient beaucoup. Il avait beaucoup de succès auprès d'elles à cause de sa personne. Il était grand et beau, une belle chevelure, des yeux extraordinaires. Il avait une belle voix. Il aimait le vin. Mais il nous disait que ce que l'on pourrait boire de meilleur, c'était l'absinthe[3]. À Cacouna je ne pense pas qu'il ait pu en boire souvent. Seulement il s'est aidé avec le vin. Il était continuellement en désaccord avec son père qui voulait le faire travailler. Son père était pratique et jugeait qu'il ne pourrait jamais gagner sa vie avec la poésie. Sa mère qui était musicienne le comprenait mieux et le protégeait. Quand on allait chez lui, on faisait de la musique avec sa mère et ses deux sœurs[4].

LA BOHÈME

À Montréal, Nelligan mène une double vie. D'une part, il participe, souvent en compagnie de sa mère, aux activités de la bourgeoisie canadienne-française de Montréal : au bazar des pères du Très Saint-Sacrement les 3 et 16 avril 1896 ; au concert que donne Ignace Paderewski le 6 avril 1896 à la salle Windsor ; le 9 avril 1896 au Château de Ramezay, à la remise officielle, à la Société de numismatique et d'archéologie de Montréal, de la cloche de Louisbourg rapatriée grâce aux bons soins de Robertine Barry ; etc. Il fréquente sa « très chère, ultime amie, Mlle Édith » Larrivée, chez qui il lit ses vers et fait de la musique. S'il « n'était pas épris d'elle, il a été certainement épris de sa voix », affirme sa cousine Béatrice Hudon-Campbell. Il fête les Rois, le 6 janvier 1899, chez

---

[3]   Liqueur alcoolique verte très en vogue à la fin du XIXe siècle, spécialement chez les poètes symbolistes.

[4]   Paul Wyczynski, *Nelligan 1879-1941*, p. 231.

Idola Saint-Jean, future défenseure du droit de vote des femmes, une de ses « vraies amies », et dont il demandera des nouvelles à Anne-Marie Gleason-Huguenin venue le visiter à l'hôpital en septembre 1937.

D'autre part, décrocheur, il mène une vie de bohème avec, entre autres, Arthur de Bussières, peintre en bâtiments et poète à ses heures, et Charles Gill, qui a étudié la peinture à Paris. Il rêve de partir. Au début de 1898, Nelligan et Bussières projettent de participer à la ruée vers l'or qui bat son plein au Klondike. La maladie de Bussières les en empêche. Nelligan visite les membres de l'École littéraire de Montréal, Albert Laberge, Bernard Melançon, Germain Beaulieu, Jean Charbonneau, récitant ses poèmes et discutant poésie. Il déambule dans le Montréal de la fin du XIXᵉ siècle, s'invite à manger chez l'oncle Édouard et la tante Elmina, les parents de Béatrice Hudon-Campbell.

LE POÈTE

À l'automne de 1896, son professeur de français, le père Hermas Lalande, fait une sévère critique d'un de ses poèmes. À quoi, Nelligan, blessé, réplique : « Monsieur, faites-en autant ». Depuis quelques mois déjà, Nelligan publie sous le pseudonyme d'Émile Kovar, nom emprunté au drame *Paul Kovar or Anarchy* (1887) de Steel MacKay, pièce qui fut jouée à plusieurs reprises à Montréal. Dans le cadre du quatrième concours littéraire du *Samedi*, Nelligan a soumis « Rêve fantasque » (XI.1) qui a paru le 13 juin 1896. Ont ainsi paru jusqu'au 19 septembre 1896 ses neuf premiers poèmes. Forcé de délaisser son pseudonyme, il signe de son nom un premier poème, « Vieux Piano » (XI.2), dans *Le Monde illustré* du 29 mai 1897. Six autres poèmes suivront jusqu'au 21 mai 1898. Le 10 décembre 1897, parrainé par son ami Bussières, il devient membre de l'École littéraire de Montréal sur acceptation de ses poèmes « Le Voyageur » (XI.3) et « Berceuse » (XI.11). Ce dernier poème, Joseph Melançon le stigmatise dans son *Journal* : « De la musique, de la musique et rien d'autre ». Ce sera désormais l' « école » qu'il fréquentera sans y mettre plus d'assiduité que la précédente. Le 9 décembre 1898, il doit donc être réadmis sur proposition de Gonzalve Desaulniers. En tout, il n'assistera qu'à douze réunions. Du 22 octobre 1898 au 29 avril 1899, Nelligan publie cinq poèmes dans *La Patrie*, fort probablement à l'instigation de Robertine Barry qui y est journaliste. Amie de Mme Nelligan, « sœur d'amitié » du fils, elle suit de près le travail d'écriture du poète : « Presque toutes les poésies que contient le livre d'Émile Nelligan, je les ai entendues de sa bouche [...] Je le vois encore récitant ces strophes superbes qui avaient jailli, comme des traits de flamme, de son cerveau, "pendant les rêves de nuit", me disait-il[5] ».

En septembre 1898. Nelligan se lie d'amitié avec le père Eugène Seers (Louis Dantin) qui publie *Le Petit Messager du Très Saint-Sacrement* dans lequel paraîtront deux poèmes de Nelligan. Au cours « des nombreuses visites matinales que Nelligan rendait à Dantin au parloir de la communauté, il lui apportait des "brouillons" de poésie écrits à la hâte, dès son réveil, paraphrasant des rêves

---

[5]   « Émile Nelligan », *Le Journal de Françoise*, 2 avril 1904, p. 313.

remplis de véritables trouvailles poétiques[6] ».

Nelligan participe aux quatre premières séances publiques de l'École littéraire de Montréal. Si à la deuxième, le 24 février 1899, De Marchy critique sévèrement « Le Perroquet » (VI.5), Nelligan triomphe à la quatrième, le 26 mai 1899 : « Lorsque le poète, crinière au vent, l'œil enflammé, la voix sonore, clama ces vers vibrants de sa « Romance du vin » [X.11], ce fut un délire dans toute la salle. Des acclamations portèrent aux nues ces purs sanglots d'un grand et vrai poète[7] ».

L'été 1899

Au lendemain de son triomphe, Nelligan poursuit inlassablement son travail en vue d'achever ce recueil qui lui tient à cœur.

« Ce qu'on raconte de lui, affirme Luc Lacourcière qui a interrogé entre autres Éva Nelligan, ne nous représente plus hélas ! qu'un être étrange, pénétré de mysticisme, se laissant enfermer la nuit dans quelque chapelle, ou récitant n'importe où et à n'importe qui les vers français, anglais et allemands, qui lui revenaient au hasard de sa mémoire égarée[8] ». Quant à Paul Wyczynski, sur la foi de renseignements fournis par la cousine du poète, Béatrice Hudon-Campbell, il affirme que l'été 1899 de Nelligan est marqué « par plusieurs crises aiguës de comportement : cris prolongés, altercations avec son père, rebuffades envers sa mère, mépris total à l'égard de son entourage[9] ».

---

6   Paul Wyczynski, *Nelligan 1879-1941*, p. 258, note 22.
7   Jean Charbonneau, *L'École littéraire de Montréal. Ses origines, ses animateurs, ses influences*, Montréal, Éditions Albert Lévesque, 1935, p. 51.
8   *Poésies complètes 1896-1899*, p. 17.
9   Paul Wyczynski, *Nelligan 1879-1941*, p. 327

L'INTERNÉ

Le 9 août 1899, Nelligan, « en pleine crise », est conduit dans le plus grand secret à la Retraite Saint-Benoît-Joseph-Labre à Longue-Pointe. Les docteurs Brennan et Chagnon ont confirmé l'état du patient, en conformité avec la loi qui stipule qu'un malade ne peut être admis « s'il n'est fourni aux propriétaires de l'asile […] un certificat signé par deux médecins qui ne sont ni associés, ni frères, ni dans les relations de père et fils, et dont chacun a séparément et personnellement examiné le patient avant la demande de son entrée à l'asile ». Le diagnostic en termes du XIXe siècle est « dégénérescence mentale » et « folie polymorphe », schizophrénie selon la terminologie moderne.

À l'automne 1900, Louis Dantin lui apporte *Franges d'autel*, et Germain Beaulieu *Les Soirées du Château de Ramezay* qui comprennent respectivement cinq et dix-sept de ses poèmes. Au début de novembre 1902, madame Nelligan visite, pour cette seule fois, son fils interné.

Racontant sa visite à la mi-décembre 1909, le docteur Ernest Choquette parle d'un « jeune homme à figure hirsute, affalé comme sans vie, sur un banc de bois fruste ». Il lui demande de réciter des vers : « Alors, je le vis se lever lentement, péniblement, l'âme seule attelée à soulever la charpente physique, puis, le regard perdu dans le vague, il commença de me réciter des bribes poétiques où je crus démêler le rythme d'un sonnet, mais où il me fut toutefois impossible de saisir le moindre sens ». Puis Nelligan récite « Le Naufragé » de François Coppée : « C'est une machine d'assez longue

haleine et je m'attendais bientôt à le voir dérailler : [...].
Mais il n'en manqua pas un seul [vers], pas un, donnant
à chacun d'eux l'intonation juste ». Ernest Choquette
conclut : « Cette triste salle d'hôpital, ces physionomies
atones, ces aliénés autour de nous, ces autres qui hurlent,
qui pleurent ou qui rient dans les coins et ce poète éteint
qui leur jette quand même aux oreilles des vers[10] ».

Le frère Théodat, infirmier qui a côtoyé quotidienne-
ment Nelligan pendant les 26 ans de l'internement du
poète à la Retraite Saint-Benoit-Joseph-Labre raconte :

> À ma connaissance, il n'a jamais écrit ici. Mais il savait par
> cœur la plupart de ses poèmes et les récitait volontiers
> devant des auditeurs avec qui il se sentait de confiance, de
> qui il se sentait compris. Devant ceux-là il récitait même
> avec chaleur, avec fougue, et c'était beauté d'entendre ces
> vers à la musicale langueur dits par cette voix grave. Devant
> d'autres auditeurs, je parle de ceux qu'on devine plus ou
> moins intéressés à la poésie, il débitait ses poèmes d'une
> voix morne. [...] Il était bon, il était doux, sans l'ombre
> d'une malice. Souvent il chantait ou déclamait pour se
> distraire, et ce dans l'ordre d'un comportement normal,
> comme il nous arrive de le faire, vous et moi, dans nos
> moments de bonne humeur. Puis je le voyais tout à coup
> sombrer dans sa mélancolie. Il s'enfermait dans sa chambre
> et il marchait de long en large en proie à une douleur inté-
> rieure dont nul ne pouvait le délivrer. À quoi pensait-il ? Je
> ne l'ai jamais su : il n'en parlait pas. Son humeur inégale
> d'artiste-né, après ses reflets qui nous ranimaient l'espoir, le
> replongeait dans un mutisme absolu. Comme nous le lais-
> sions libre de ses allées et venues, il descendait au jardin où,
> assis dans le pavillon au bord du fleuve, il regardait passer
> les paquebots et les voiliers, ce dont il ne se lassait jamais[11].

---

10   *Le Canada*, 24 décembre 1909, p. 4.

11   Marcel Séguin, « Entretiens sur Émile Nelligan », *École canadienne*, juin
      1957, p. 670.

161

Le 20 octobre 1925, le patient Émile Nelligan quitte la Retraite Saint-Benoit-Joseph-Labre. Selon Luc Lacourcière, il passe trois jours dans sa famille, et le 23 octobre il est admis à l'Hôpital Saint-Jean-de-Dieu. Lorsqu'on l'interroge à son entrée, il affirme qu'il « est parti de chez lui, en suivant une lumière qu'il voyait ». Le 29 octobre 1925, interrogé sur cette lumière, sur une voix, il répond : « La sainte Vierge m'a dit d'aller combattre pour mon pays. Dernièrement j'ai entendu [des] voix d'anges qui ont dit : Va te battre pour ton pays ».

Nelligan quitte, à quelques reprises, l'enceinte de cette ville qu'est l'Hôpital Saint-Jean-de-Dieu. De 1926 à 1930, le docteur Joseph-Adonias Lussier l'invite de temps en temps à venir passer le dimanche à sa résidence de la rue Sherbrooke. Au début des années 1930, il accompagne dans un voyage à Québec le juge Gonzalve Desaulniers qu'il a connu à l'École littéraire de Montréal. À l'été 1932, il passera une journée à la résidence du juge à Ahuntsic (voir photo page 178).

Au père Thomas-M. Lamarche qui le visite au début de l'été 1932, Nelligan affirme : « Autrefois […] j'ai songé à la gloire, mais maintenant tout cela est fini ». En 1937, il récite « Le Vaisseau d'Or » devant Jacques Gouin en avril, et devant Anne-Marie Gleason-Huguenin en septembre. Il le « fit d'une manière impeccable, mais absolument *recto tono*, sans aucune intonation », selon le premier. Il « en récite les strophes mieux que bien des artistes ne pourraient le faire. Sa voix vibre sourdement et rien n'est plus pathétique que le tableau de ce "mort vivant" qui évoque par des mots magiques le naufrage de ses facultés mentales », affirme la seconde. Pour Jacques Gouin, « [a]ucune conversation ne semblait possible avec lui, d'autant plus que son chien de garde [une religieuse de la Providence] veillait sur lui[12] ». Avec Anne-Marie Gleason-Huguenin, il « reconnaît immédiatement son amie d'enfance […] et s'informe anxieusement de ses compagnons d'autrefois, puis après avoir accepté une cigarette, cause poésie[13] ».

En février 1955, le docteur Guillaume Lahaise, grand admirateur du poète qu'il a soigné, commente le dossier médical de Nelligan :

> Nelligan aimait aller à la chapelle où il fixait la statue de la Sainte Vierge qu'il prenait tantôt pour la mère de Dieu, tantôt pour une fille-maîtresse. Il aimait lire des livres, des journaux mais jamais trop longtemps, la lecture le fatiguait à cause d'une concentration d'idées. […] Tantôt, il voyait dans le docteur Lahaise un ami ; tantôt un autre : un soldat venu de loin, un marchand de légumes ou encore le « grand Leconte de Lisle » qu'il saluait ostensiblement, avec une émotion radieuse, en s'agenouillant devant lui et en lui serrant fort les jambes. À d'autres reprises, il lui arrivait de saluer à peine l'auteur des *Phases*, prétextant qu'il était trop fatigué pour aller avec lui à la guerre. On a fait subir à Nelligan une série d'examens et de traitements, mais sans grand résultat[14].

Ce qui reste du dossier 18136, dont de larges parties sont disparues en 1965, permet de retracer un peu la vie du poète à l'intérieur des murs.

2-10-34 Le malade répond assez bien aux questions, seulement son ton affectif est totalement disparu. S'occupe tou-

---

[12] Lettre du 18 mars 1987 à Paul Wyczynski (*Nelligan 1879-1941*, p. 501).
[13] *La Patrie*, 18 septembre 1937, p. 19, 21.
[14] Paul Wyczynski, *Nelligan 1879-1941*, p. 40, note 61.

jours de littérature même fait les mots croisés mais l'on remarque chez lui une lenteur qui surprend. Peu soucieux de sa toilette, quoique non malpropre. Est satisfait de son sort.

31-3-36 Reste toujours indifférent. S'occupant à faire ce qu'on lui demande. Lit. Peu soucieux de sa personne. Stationnaire.

17-2-37 Indifférent. En parlant garde toujours la même attitude. Cependant fait toujours commissions et bien. Ne s'occupe pas plus de sa personne qu'avant.

25-10-38 Insouciant. Visite ? Pas souvent, depuis bien près 4 mois. Éva m'a apporté des bonbons et de l'argent. J'ai eu de la visite dimanche. Qui ? Des étrangers qui m'ont demandé de déclamer. Je leur ai donné mon livre. État stationnaire.

17-10-39 Ne change guère. Insouciant dans sa tenue. Est prêt à tout faire. A toujours de la visite et ne s'en désintéresse pas trop. Mémoire bonne mais jugement affaibli.

5-2-41 My head is sore. Your ears ? Sore. I dont sleep at night. Noise in my head, in my ears. More than before ? About the same. It would be better for me[15] à retrancher autre malade.

5-2-41 Ça va bien ? Fais des commissions. J'attends de la visite aujourd'hui. Les remèdes m'ont fait du bien. J'ai engraissé. Je puis mieux faire mon travail.. On m'a donné une chambre à part. Je dors avec deux couvertures de laine, c'est plus confortable. Parle et sent le besoin de parler sur des sujets enfantins. Affaiblissement intellectuel[16].

Nelligan s'éteint dans sa soixante-deuxième année, à 14 h 15 le 18 novembre 1941, dans sa chambre à l'Hôpital Saint-Jean-de-Dieu. « Je mourrai fou. Comme Baudelaire[17] », soutenait-il en 1898.

---

[15] Ma tête fait mal. Vos oreilles ? Font mal. Je ne dors pas la nuit. Du bruit dans ma tête, dans mes oreilles. Plus qu'avant ? La même chose. Ce serait mieux pour moi...

[16] Paul Wyczynski, *Nelligan 1879-1941*, p. 411, 412.

[17] *Émile Nelligan et son œuvre*, p. ii.

ÊTRE POÈTE AU QUÉBEC À LA FIN DU XIXᵉ SIÈCLE

L'ÉCOLE LITTÉRAIRE DE MONTRÉAL

À la fin du XIXᵉ siècle, plusieurs écrivains québécois souhaitent un réveil artistique, un renouvellement littéraire et une amélioration de la langue française. Plusieurs cénacles naissent tels La Pléiade ou le Club Sans Souci. À l'hiver 1894-95, le Groupe des six éponges se réunit chaque samedi soir au café Ayotte, rue Sainte-Catherine à Montréal. Deux membres, Louvigny de Montigny et Jean Charbonneau, convoquent une réunion le 7 novembre 1895 à 20 h, à la salle du Recorder [juge de la cour municipale] du Palais de justice de Montréal. Ainsi naît le plus important regroupement d'écrivains de la période 1895-1935, l'École littéraire de Montréal. L'École tient des réunions aux deux semaines, puis à partir du 24 septembre 1896, chaque jeudi soir à 20 h 30. La séance s'ouvre par une ou deux conférences, la lecture de textes littéraires et l'examen des textes soumis par les aspirants. Les réunions se tiennent dans la mansarde de Louvigny de Montigny, puis à l'Université Laval à Montréal, finalement au Château de Ramezay. Aux réunions régulières s'ajoutent des séances publiques, qui permettent aux auteurs de faire connaître leurs œuvres. À la cinquième, le 2 avril 1900, qui marque la fin de la première période de l'École, le volume collectif *Les Soirées du Château de Ramezay* est lancé. À cette occasion,

LE MONDE ILLUSTRÉ

ABONNEMENTS :
Un an, $3.00 - - - Six mois, $1.50
Quatre mois, $1.00, payable d'avance
Vendu dans les dépôts - - 5 c. a la copie

16me ANNÉE, No 833.—SAMEDI, 21 AVRIL 1900

BERTHIAUME & SABOURIN, Propriétaires
Bureaux : No 42, PLACE JACQUES-CARTIER, MONTREAL

ANNONCES :
La ligne, par insertion - - - 10 cents
Insertions subséquentes - - - 5 cen.
Tarif spécial p. - annonces à long t -

Le Monde illustré, 21 avril 1900.

De gauche à droite et de haut en bas : (1re rangée) H. Desjardins, A. de Bussières, G. Desaulniers ; (2e r.) A. Pelletier, W. Larose, C. Gill ; (3e r.) H. Demers, E.-Z. Massicotte, Louis Fréchette, G.-A. Dumont, P. Bédard ; (4e r.) A. Ferland, J. Charbonneau, G. Beaulieu, E. Nelligan, A.-H. de Trémaudan.

Charles Gill lit deux poèmes de Nelligan, alors interné, « Rêve de Watteau » (V.3) et « L'Homme aux cercueils ».

Au sein de l'École littéraire de Montréal, laquelle compte une vingtaine de membres, deux groupes s'affrontent. Dans le premier, de loin le plus nombreux, se retrouvent les membres ou futurs membres d'alors des professions libérales, tels Antonio Pelletier, Henry Desjardins, Jean Charbonneau, Germain Beaulieu, et dans l'autre les déclassés, Albert Lozeau, Charles Gill, Arthur de Bussières et Émile Nelligan. Leur conception respective de la littérature diffère. Pour Henry Desjardins, « la littérature n'est qu'un moyen intelligent d'occuper des loisirs, ce n'est pas un métier[1] ». À l'inverse, chez Nelligan, « [c]e n'est plus la poésie dont on s'amuse, c'est la poésie dont on vit et dont on meurt[2] ». Si Nelligan privilégie la musique du vers, Germain Beaulieu, au contraire, soutient à la réunion du 24 septembre 1896 que « le littérateur doit avant tout s'instruire pour instruire. Il faut avoir un but. La forme n'est qu'un accessoire. Elle doit aider l'auteur à atteindre son but, mais elle ne doit pas être son unique souci. Il faut avoir un but, il faut avoir un fond, il faut avoir des idées[3] ».

Au Québec, à la fin du XIXᵉ siècle, être poète s'avère difficile. Le lectorat est de peu d'importance ; en effet, 26 % des adultes ne savent pas lire. Les conditions de vie et de travail de la classe ouvrière sont déplorables et font de la lecture un luxe. L'Église, qui gère la plupart des bibliothè-

---

[1]   *Le Monde illustré*, 20 mai 1899, p. 38.
[2]   *Émile Nelligan et son œuvre*, p. ii.
[3]   Paul Wyczynski, *Nelligan 1879-1941*, p. 167, note 23.

ques publiques et la quasi totalité des institutions scolaires, censure tout ce qui va à l'encontre de son idéologie. L'école ne joue pas son rôle de transmetteur du goût littéraire. Les éditeurs, pour la plupart, spolient les auteurs et ne leur laissent que des miettes. Dans ce paysage noir, l'École littéraire de Montréal apparaît comme un vent de renouveau, comme une tentative d'institutionnaliser la littérature québécoise, de la valoriser socialement.

• Le Parnasse

Le Parnasse est un courant littéraire français qui s'étend de 1860 à 1880. Plus qu'une école à proprement parler, le Parnasse représente une génération poétique, celle des poètes qui écrivent dans la revue *Le Parnasse contemporain* (1866, 1871, 1876). À l'omniprésence du lyrisme et du « moi » des romantiques, les Parnassiens privilégient l'impassibilité et l'objectivité. La poésie parnassienne est descriptive, savante et impersonnelle. La mythologie grécolatine et l'exotisme y sont à l'honneur. Le poète parnassien recherche la perfection formelle : le poème doit être travaillé, ciselé comme un bijou. La rime riche, la versification parfaite, le mot rare et sonore, souvent exotique, sont privilégiés. Pour les Parnassiens, l'art n'est au service d'aucune cause, c'est la doctrine de l'art pour l'art. Leconte de Lisle dans *Poèmes antiques* (1874), *Poèmes barbares* (1878) et *Poèmes tragiques* (1884) ainsi que José Maria de Heredia dans *Les Trophées* (1893) représentent ce courant poétique français. Arthur de Bussières, compagnon de bohème de Nelligan, fut un fervent Parnassien.

• Le symbolisme

Français à l'origine, le symbolisme est un courant littéraire et artistique de la seconde moitié du XIXᵉ siècle, qui dure approximativement de 1880 à 1900. Les symbolistes préfèrent la liberté aux règles. Ils libèrent le vers et le rythme. Au rythme arithmétique se substitue un rythme qui reproduit le mouvement de la vie intérieure. La musique du vers remplace la plasticité des Parnassiens. En réaction contre le réalisme, le naturalisme et l'esprit du positivisme, ils privilégient le mystère, souhaitant toucher la sensibilité et le cœur. Pour eux, la réalité est la représentation symbolique d'un monde mystérieux que seul le poète peut découvrir. Chez Charles Baudelaire (*Les Fleurs du mal*, 1857), les correspondances entre le monde matériel et spirituel et entre les divers ordres de sensations (synesthésies), chez Paul Verlaine (*Poèmes saturniens*, 1866 ; *Fêtes galantes*, 1869 ; *Sagesse*, 1881 ; *Jadis et naguère*, 1884), le rêve, et, chez Arthur Rimbaud (*Une saison en enfer*, 1873), les hallucinations permettent cette exploration au-delà des apparences, du réel. « La poésie symboliste cherche à vêtir l'idée d'une forme sensible » (Jean Moréas, 1886).

L'opposition à la poésie symboliste est très vive à la fin du XIXᵉ siècle. En mai 1897, l'académicien Brunetière, critique littéraire et directeur de *La Revue des Deux Mondes*, donne une série de conférences à l'Université Laval à Montréal dans lesquelles il stigmatise les Parnassiens, les décadents[4], les symbolistes, les naturalistes. Seuls à ses yeux les classiques français du XVIIᵉ siècle ont une

---

[4]   Nom donné aux poètes symbolistes qui peignent une société qui « se désagrège sous l'action d'une civilisation déliquescente » (*Le Décadent*, avril 1866).

valeur. Selon Louvigny de Montigny, au sortir de l'une de ces conférences, Nelligan lui aurait dit avant de le quitter sur le chemin du retour : « C'est la nuit sur la ville, je me sens terriblement seul ». L'année suivante, c'est au tour de René Doumic, professeur de littérature, de donner cinq conférences à l'Université Laval à Montréal, du 12 au 16 avril 1898. Nelligan assiste à la dernière de ces conférences dans laquelle Doumic attaque violemment le symbolisme : « une tentative pour vider la poésie des idées et des sentiments et pour substituer à ce qui avait été appelé la poésie jusque-là je ne sais quelle musique, musique indéchiffrable, musique que chacun interprétera à sa manière[5] ». Lors de la troisième séance publique de l'École littéraire de Montréal, le 7 avril 1899, Charbonneau s'en prend à son tour au symbolisme : « Le symbolisme est une tentative finie, non seulement parce qu'il fait une vivante contradiction de lui-même, mais parce que, en voulant identifier la musique et la poésie, il a faussé la notion qu'il avait de ces deux arts, et les a dénaturés[6] ».

• Les sources nelliganiennes

Nelligan lisait tous les poèmes qui lui passaient entre les mains. Ses lectures sont donc souvent le fruit du hasard : livre emprunté à un ami ou au Fraser Institute, vers recopié ou découpé d'un journal ou d'une revue comme *Le Samedi* ou *Le Monde illustré*. Il connaissait par cœur de nombreux poèmes. Les manuscrits d'asile, dans les-

---

[5]   René Doumic, *La Poésie lyrique en France au dix-neuvième siècle*, Montréal, Beauchemin, 1898, p. 127, 130.

[6]   Jean Charbonneau, « Quelques mots sur le symbolisme », *Les Soirées du Château de Ramezay*, Montréal, Eusèbe Senécal, 1900, p. 249.

quels il a transcrit des poèmes de lui et d'autres en sont la preuve tangible.

> [Nelligan] lisait des auteurs illustres tels que Verlaine, Baudelaire, Rodenbach, Rollinat, Heredia, Mallarmé, Rimbaud, Gautier, Banville, Coppée, Samain. Mais il lisait aussi Charles Millevoye, Pierre Dupont, Joseph Autran, Auguste Barbier, Catulle Mendès, Joséphin Soulary, Victor de Laprade, Albert Glatigny, Eugène Manuel, Armand Silvestre, Jules Lemaître, Louis Veuillot et tant d'autres. Il lisait aussi des auteurs anglais et américains, s'attachant spécialement à Shakespeare et à Edgar Poe[7].

Parmi eux ressortent les Parnassiens, Heredia, Leconte de Lisle, les symbolistes, Baudelaire, Verlaine, Rimbaud, et les décadents, Rodenbach (*Les Vies encloses*, 1896), Rollinat (*Les Névroses*, 1883). Selon Jean Charbonneau : « Verlaine lui plaisait par ses divagations ; Rollinat par ses extravagances morbides, Rimbaud par sa jeunesse bohème, Rodenbach par ses mélancolies persistantes[8] ».

L'année 1899 est, pour Nelligan, l'année d'Edgar Allan Poe dont il lit et relit les contes fantastiques et les poèmes. Deux textes de Poe vont particulièrement le fasciner : *The Raven* « dont il a longuement travaillé une traduction en vers français », selon Luc Lacourcière, et *The Black Cat*.

7   Paul Wyczynski, *Émile Nelligan. Sources et originalité de son œuvre*, p. 40.
8   Jean Charbonneau, *Des influences françaises au Canada, vol. I*, Montréal, Beauchemin, 1916, p. 93.

L'ŒUVRE

Bien qu'il rêve d'être publié, Nelligan refuse d'entreprendre les démarches nécessaires : « S'ils croient […] que je vais me traîner à leurs pieds ! Mon livre fera son chemin tout seul », affirme-t-il à Louis Dantin. À ses yeux, ce refus se justifie d'autant qu'un éditeur montréalais ne peut rendre justice à son œuvre : « Peuh ! […] sait-il bien imprimer les vers ? J'enverrai mes cahiers à Paris[1] ». Quatre projets de recueil nous sont parvenus.

PREMIER PROJET

Du premier projet, il reste un titre, *Pauvre enfance*, que l'on retrouve dans l'album-souvenir de textes manuscrits, offert par dix-neuf membres de l'École littéraire de Montréal à Louis-Joseph Béliveau à l'occasion de son mariage. Le poète y a transcrit « Salons allemands » avec la note : « Un Sonnet extrait de " Pauvre Enfance " ». Daté du 21 septembre 1897, le poème est signé Émil Nélighan[2].

DEUXIÈME PROJET

En 1898, Nelligan intitule *Le Récital des Anges* un nouveau projet de recueil. Il prévoit sept[3] sections : « Clavecin céleste » qu'il dédie à sainte Cécile, « Clavier d'antan » à sa mère, « Petite Chapelle » à Serge Usène[4], « Doigté

---

[1] *Émile Nelligan et son œuvre*, p. vi-vii.
[2] La francisation de son nom illustre l'opposition du fils envers son père. Nelligan altère fréquemment ses nom et prénom : Émil Nelligan, Émile-Edwin Nelligan, Émile Nellighan, pour ne donner que les graphies d'avant l'internement.
[3] Une section, « Motifs de pipeau », a été biffée.
[4] Pseudonyme de Eugène Seers, mieux connu sous celui de Louis Dantin.

mélancolique », « Les Pieds sur les chenets », « Soirs de névroses » et « Vespérales funèbres ».

Troisième projet

En janvier-février 1899, le projet se précise. Le titre devient *Motifs du récital des anges*. Le poème liminaire « Prélude aux anges » est suivi d'une liste de poèmes répartis en sept[5] sections : « Clavecin céleste », « Villa d'enfance », « Petite Chapelle », « Choses mystiques », « Intermezzo », « Lied » et « Les Pieds sur les chenets ».

Quatrième projet

À l'été 1899, Nelligan investit toute son énergie afin de mener à terme son projet de recueil. Malheureusement, son internement le 9 août 1899 met fin à ses espoirs. Après quelques hésitations, madame Nelligan confie à Louis Dantin les cahiers de son fils, fort probablement des feuilles détachées rassemblées en liasses. Dantin choisit les cent sept meilleurs à ses yeux et les répartit en dix sections d'inégale longueur : « L'Âme du poète » (3), « Le Jardin de l'enfance » (14), « Amours d'élite » (12), « Les Pieds sur les chenets » (15), « Virgiliennes » (9), « Eaux-fortes funéraires » (9), « Petite Chapelle » (14), « Pastels et Porcelaines » (12), « Vêpres tragiques » (6) et « Tristia » (13). Dans une lettre à Olivar Asselin, datée du 13 mai 1920, Louis Dantin affirme : « Vous désirez savoir si les sous-titres du volume sont de Nelligan ou de moi : ils sont tous de Nelligan, à l'exception du premier : *L'Âme du poète*, où j'ai réuni quelques morceaux, jetant un jour plus intime sur sa personnalité. J'avoue que, laissant intacts les

---

[5]   Il est possible qu'un troisième feuillet avec d'autres sections soit disparu.   **173**

Motifs
Du Récital Des Anges

Prélude aux Anges...

Clavecin Céleste

L'Organiste du Paradis
Nocturne Séraphique
Rêverie D'Hôpital !

Villa D'Enfance

Musiques Roses
Ma Mère
Le Regret des Joujoux
Bohème Blanche
La Villa Morte.

Soirs de Prière   3
Le Sage   3
Les Jardins Anciens   3
Devant Mon Berceau 2
Le Regret des Joujoux
Le Reine
Sa Tristesse
Le Sommeil
Le Talisman

Petite Chapelle

Menton
Chapelle
Sœur Virginale
Petit Tableau de Flandre 2
Prière Vespérale
Le Morte
Petit Vitrail
Chapelle Ruinée

Choses Mystiques

Angélus Du Soir
Le Jésus de Plâtre
Les Moines
Moine Mourant
Fra Angelico
Les Carmélites
Chapelle Ruinée

Union Immaculé

Mysosyme   2
Les Carmélites
Les Moines
Moine Mourant
Fra Angelico
Amour Immaculé
Le Récital des Cloches

Manuscrit du plan de « Motifs du récital des anges »,
troisième projet de recueil de Nelligan.

Intermezzo

Potiche. –
Eventail Ancien –
Vieille Armoire –
Les Balsamines –
Le Roi du Soufre –
– Placet Pour Des Cheveux…

– Le Perroquet… 4
– Le Tombeau de la Négresse…

Lied

Jardin Sentimental 2
Sérénade aux Feuilles
Fantaisie Rose
Fontaine aux Cygnes 2
Sur des Motifs de Pipeau
~~Fantaisie Nègre~~
Thème Allemand….

L'Idiote aux Cloches… 3

Les Pieds sur les Chenêts

~~Pierrot Câlin~~
Le Beurre dans les Vitres
Camélias Morts 2
Gretchen la Pâle
Hiver Sentimental
Caprice Triste
~~Fantaisie Blanche~~
Perroquets Verts
Sonnet de Gretchen sur 3 Perroquets Morts…
Soir de Névrose…

autres cadres, je ne me suis pas fait scrupule de transférer certains poèmes d'un compartiment dans un autre auquel ils me semblaient mieux convenir[6] ». En affirmant qu'il a transféré d'une section à une autre des poèmes, Dantin laisse clairement entendre qu'il avait entre les mains un plan du recueil plus récent que le troisième projet qui nous est parvenu ou du moins que les poèmes étaient regroupés par section. On peut même présumer que l'ordre des sections est celui de Nelligan, puisque Dantin ne signale pas y avoir touché. Malheureusement, les documents qui ont servi à Dantin et qui permettraient de rétablir la répartition originale de Nelligan, sont aujourd'hui disparus. Malgré tout, la structure que Dantin nous a léguée est celle qui se rapproche le plus du quatrième projet de recueil de Nelligan.

Une fois le texte du recueil établi, Dantin en entreprend l'impression sur les presses du *Petit Messager du Très Saint-Sacrement*. Le travail, qui se fait à l'insu de sa communauté, est subitement interrompu à cause de son départ précipité pour les États-Unis. Avant de partir, Dantin remet à Mme Nelligan les cahiers de son fils et les soixante-dix premières pages imprimées. La mère du poète confie le tout à Charles Gill qui s'entend avec les éditions Beauchemin. *Émile Nelligan et son œuvre* paraît ainsi en février 1904. Les retards encourus expliquent que la date imprimée sur la page de titre soit 1903.

En mars 1938, Claude-Henri Grignon, sous le pseudonyme de Valdombre, soutient tenir d'Olivar Asselin que Nelligan n'est pas l'auteur de ses vers. Ils sont « d'un certain typographe, bohème, ivrogne à ses heures, poète aux heures des autres ». Il « refaisait les vers de Nelligan et Nelligan, qui était fou, les signait et croyait qu'ils étaient de lui[7] ». Le 18 avril 1938, dans une lettre à Germain Beaulieu qui se chargera de répondre à Grignon, Dantin, le « certain typographe », précise ses *interventions* sur l'œuvre de Nelligan : « L'œuvre est restée *absolument la sienne* : Il saute aux yeux qu'elle n'est pas de moi, car elle n'exhibe ni mon style ni ma conception de la vie ». Il relit les poèmes de Nelligan et ajoute le 22 avril 1938 « que ces retouches ne sont pas plus *d'une douzaine pour tout le volume*, n'affectant jamais à la fois plus d'un mot ou un vers, et, sauf trois ou quatre peut-être, ne concernant que des erreurs ou gaucheries grammaticales[8] ».

En 1952, Luc Lacourcière publie les *Poésies complètes 1896-1899*. Aux cent sept poèmes de l'édition de Dantin, il ajoute trente-cinq « Pièces retrouvées » et vingt et un « Poèmes posthumes ». En 1991, une nouvelle édition des *Œuvres complètes* d'Émile Nelligan comprend *Poésies complètes 1896-1941* de Réjean Robidoux et Paul Wyczynski qui délaissent la structure de Dantin au profit de la leur, et *Poèmes et textes d'asile 1900-1941* de Jacques Michon qui présente six manuscrits d'asile (1929-1930 [1er], 1930 [2e], 1933-1934 [3e], 1935 [4e], 1938 [5e et 6e]), ainsi qu'un certain nombre de feuilles détachées, de lettres et de dédicaces de l'époque asilaire, dans ou sur lesquels le poète a transcrit certains de ses poèmes et ceux de divers auteurs.

---

[7]   « Marques d'amitié » *Les Pamphlets*, mars 1938, p. 173-176.
[8]   *Écrits du Canada français*, nos 54-55, p. 55.

La Presse, 17 décembre 1932.

Cette photo fut prise à l'été 1932, au cours d'une des rares sorties de Nelligan. De gauche à droite, le juge Gonzalve Desaulniers, sa fille, Émile Nelligan, la journaliste Anne-Marie Gleason-Huguenin et le comédien Camille Ducharme.

L'ÉCRITURE
NELLIGANIENNE

LA VERSIFICATION

Dans l'ensemble, Nelligan respecte les règles tradition-
nelles de la versification française. En cette matière, les
Parnassiens sont ses maîtres : recherche du mot rare et
sonore, de la rime riche, ciselage de la forme du poème
l'occupent au plus haut point. En ce qui concerne le
rythme, il obéit au principe verlainien : « De la musique
avant toute chose » (« Art poétique »).

• La métrique

Le vers, base du poème, se définit en fonction de son
nombre de syllabes[1]. Dans le décompte, le *e* muet est
calculé sauf s'il est suivi d'un mot commençant par une
voyelle ou un *h* muet, ou encore s'il est en finale du vers.

D'avoir une âme douce et mystiquement tendre   alexandrin (12)
 1 2 3 4 5 6 7   8 9 10 11   12
       Mon âme, I.2.

Pour satisfaire à la métrique, Nelligan utilise certaines li-
cences poétiques. Ainsi, devant une consonne, « encor »
donne deux syllabes, tandis que « encore » en donnerait
trois.

J'y peux trouver encor comme un reste d'oubli,   alexandrin (12)
1   2   3 4   5 6   7   8 9 10 11 12
       Mazurka, IV.10.

---

[1]   De 1 à 12 : monosyllabe, dissyllabe, trissyllabe, tétrasyllabe, pentasyl-
labe, hexasyllabe, heptasyllabe, octosyllabe, ennéasyllabe, décasyllabe,
endécasyllabe et alexandrin.

Quant aux diphtongues, voyelles doubles, comme le *ion*, le *ien*, le *ui*, elles valent selon les besoins : une syllabe, c'est la synérèse, ou deux syllabes, c'est la diérèse.

Par les hivers anciens, quand nous portions la robe,   synérèse
　 1　 2 3 4　　 5　 6　　　 7　　 8　　 9　 10 11 12
　　　　 « Devant le feu », II.4.

Montaient en rogations blanches,   diérèse
　 1　 2　　 3　 4 5 6 7　　 8
　　　　 « Chapelle dans les bois », VII.1.

Nelligan privilégie l'alexandrin (12), puis l'octosyllabe (8). Même si la plupart du temps il utilise des vers réguliers, c'est-à-dire de même longueur, parfois, lorsqu'il souhaite créer un rythme particulier, il privilégie les vers irréguliers, soit de diverses longueurs :

Rien n'est plus doux aussi que de s'en revenir   alexandrin (12)
　　 Comme après de longs ans d'absence,   octosyllabe (8)
　　　　　 Que de s'en revenir   hexasyllabe (6)
　　　　 Par le chemin du souvenir   octosyllabe (8)
　　　　 Fleuri de lys d'innocence,   heptasyllabe (7)
　　　　 Au jardin de l'Enfance.   hexasyllabe (6)
　　　　　　 « Le Jardin d'antan », II.7.

• La rime

La rime est le retour des mêmes sons en finale de vers. La versification s'intéresse à sa nature, à sa disposition et à sa qualité. Selon que la rime se termine ou non par un *e* muet (suivi ou non d'une consonne), elle est dite respectivement féminine ou masculine. La plupart du temps, Nelligan respecte la règle de l'alternance entre rimes féminines et masculines, comme dans « Amour immaculé » (III.8) ou « La Romance du vin » (X.11). Il la brise parfois comme dans « Soirs d'automne » (VI.2) ou « *Je veux m'éluder* » (XII.1), poèmes tout en rimes féminines.

En ce qui a trait à la disposition, les rimes sont ou **embrassées** (*abba*)

Nous étions là deux enfants blêmes	(*a*)
Devant les grands autels à franges,	(*b*)
Où Sainte Marie et ses anges	(*b*)
Riaient parmi les chrysanthèmes.	(*a*)

    « Chapelle dans les bois », VII.1.

ou **croisées** (*abab*)

Jadis un prêtre fou, voilà,	(*a*)
Y fut noyé par une femme.	(*b*)
Dans le puits noir que tu vois là	(*a*)
Gît la source de tout ce drame.	(*b*)

    « Le Puits hanté », IX.3.

ou **plates** (*aabb*)

Quelquefois sur ma tête elle met ses mains pures	(*a*)
Blanches, ainsi que des frissons blancs de guipures.	(*a*)

Elle me baise au front, me parle tendrement,	(*b*)
D'une voix au son d'or mélancoliquement.	(*b*)

    « Ma mère », II.5.

Quant à la qualité des rimes, elle est fonction du nombre d'éléments sonores communs. Un seul élément sonore commun donne des rimes **pauvres** : le son *ou* dans *roux* et *houx*, *oin* dans *loin* et *foin* (« Rêve de Watteau », V.3), *ui* dans *conduit* et *nuit* (« La Passante », X.8). Lorsqu'il y a deux éléments sonores communs, les rimes sont dites **suffisantes** : les sons *a* et *l* dans *bal* et *bocal*, *a* et *g* dans *bagues* et *vagues*, *j* et *an* dans *argent* et *enrageant* (« Les Camélias », VIII.3). Trois éléments sonores identiques ou plus donnent des rimes **riches** – les plus nombreuses chez Nelligan – : les sons *e*, *l*, *u* et *r* dans *ciselure* et *chevelure*, *an*, *b*, *r* et *é* dans *ambrés* et *cambrés* (« Potiche », VIII.5), *s*, *i* et *f* dans *massif* et *excessif*, *k*, *e* et *l* dans *écueil* et *cercueil*, *f*, *a* et *n* dans *diaphanes* et *profanes* (« Le Vaisseau d'Or », I.3).

• La rythmique

La poésie nelliganienne est souvent remarquable de par son rythme. La coupe à la fin du vers, la rime, y joue un rôle, mais aussi les coupes à l'intérieur même du vers. Pour les octosyllabes et les alexandrins, il y a une coupe fixe à la césure, au milieu du vers, qui se divise alors en deux parties, en deux hémistiches : à 4/4 pour l'octosyllabe et à 6/6 pour l'alexandrin (parfois 4/4/4, coupe ternaire mise de l'avant par les romantiques).

Anges maudits, // veuillez m'aider !   octosyllabe (4/4)
   « Soirs hypocondriaques », XII.5.

Ses mâts touchaient l'azur, // sur des mers inconnues,   alexandrin (6/6)
   « Le Vaisseau d'Or », I.3.

Coulait ainsi, // loin des sentiers, // blanche et ravie !   alexandrin (4/4/4)
   « Presque berger », V.5.

À ces coupes traditionnelles, que Nelligan ne respecte pas toujours, il faut ajouter celles qui marquent la fin des groupes fonctionnels (groupe-sujet, groupe-verbe, etc.) et celles demandées par la ponctuation, lesquelles coïncident fréquemment.

Tout est fermé. / C'est nuit. // Silence… / Le chien jappe.　　alexandrin
　　« Presque berger », V.5.　　　　　　　　　　　　　　　(4/2/3/3)

D'hiver ? / Reste. // J'aurai tes ors / de Cellini,　　alexandrin (2/2/4/4)
　　« Five o'clock », IV.3.

« Ha ! / Ha ! / Ha ! / Gula, / mes amours ! »　　octosyllabe (1/1/1/2/3)
　　« Le Perroquet », VI.5.

Bien évidemment, la rythmique reste en partie matière à interprétation puisque, à moins d'un signe de ponctuation, le poète ne signale pas les endroits où il faisait les coupes. Malgré tout, déclamer un poème donne une idée assez juste de son rythme. Il faut se rappeler qu'habituellement le rythme d'un poème est assez régulier, sauf quand le poète cherche à en faire ressortir un élément particulier.

Pour varier le rythme, mais aussi pour mettre en évidence un terme, Nelligan utilise l'enjambement qui consiste à exclure du vers un élément de sens qui normalement devrait y être et à le rejeter sur le vers suivant, c'est le rejet, ou à le repousser au vers précédent, c'est le contre-rejet.

Ne sors pas ! Voudrais-tu défier les bourrasques,
Battre les trottoirs froids par l'embrouillamini
<u>D'hiver</u> ? J'aurai tes ors de Cellini,　　　　　　　　rejet
　　« Five o'clock », IV.3.

Ma sérénade d'octobre enfle <u>une</u>　　　　　　　　contre-rejet
Funéraire voix à la lune,
　　« Tarentelle d'automne », V.4.

• Le poème

Le poème regroupe un certain nombre de strophes qui se définissent en fonction de leur nombre de vers[2]. Souvent les poèmes nelliganiens sont des suites de strophes identiques : distiques (« Ma mère », II.5), tercets (« La Fuite de l'enfance », II.8), quatrains (« La Romance du vin », X.11), etc. Mais ce sont deux poèmes à forme fixe que Nelligan privilégie, le sonnet et le rondel qui représentent respectivement 45 % et 10 % de l'ensemble de sa production.

Le sonnet est un poème de quatorze vers répartis en deux quatrains à rimes embrassées et construits sur deux sortes de rimes (*abba, abba*), et en deux tercets construits sur trois sortes de rimes, disposées *ccd eed* (« Christ en croix », X.4) ou *ccd ede* (« Les Corbeaux », VI.3). À l'instar de Baudelaire qui va produire quarante-huit combinaisons différentes de sonnet, Nelligan varie la disposition des rimes et la longueur du vers et en crée vingt-quatre. Par exemple, les quatorze octosyllabes de « Rêves enclos » (IV.1) sont disposés *abba, baab, ccd* et *eed* ; les alexandrins de « Nuit d'été » (V.2) ont la disposition *abba, cddc, eff* et *egg* ; etc.

Le rondel, lui, est écrit sur deux rimes et formé de deux quatrains suivis d'un quintil dont Nelligan détache le dernier vers. Les deux derniers vers du second quatrain sont les mêmes que les deux premiers de la première strophe dont le premier vers clôt le quintil.

---

[2]   De 2 à 12 : distique, tercet, quatrain, quintil, sizain, septain, huitain, neuvain, dizain, onzain, douzain.

1er quatrain	2e quatrain	quintil	« Clair de lune intellectuel », I.1.
a b b a	a b a b	a b a b a	disposition des rimes
1-2	1-2	1	reprise des vers

Dans ses rondels aussi, Nelligan varie la longueur du vers et la disposition des rimes et obtient ainsi huit variations.

* * *

LES FIGURES DE STYLE

Bien que tous les genres littéraires utilisent les figures de style, elles restent la marque par excellence de la poésie. Que ce soient les figures d'analogie, de répétition, d'opposition ou d'expression, elles servent toutes à mettre en relief un mot, un sens, une pensée, une sensation, un sentiment, un rythme.

• Les figures d'analogie

La comparaison établit, par l'entremise d'un mot de comparaison (*comme*, *ainsi que*, *pareil*, *tel*, etc.) une analogie, un rapport d'identité entre deux choses de domaine différent (comparé ⟶ comparant).

<u>mot de comparaison</u>	comparé → comparant

Les arbres <u>comme</u> autant de vieillards rachitiques,   arbres → vieillards
Flanqués vers l'horizon sur les escarpements,
<u>Ainsi que</u> des damnés sous les fouets des tourments,   arbres → damnés
Tordent de désespoir leurs torses fantastiques.
     « Paysage fauve », VIII.2.

Que vous <u>compareriez</u> soudain votre détresse   détresse → cloche
À la cloche qui rêve aux angélus d'antan ?...
     « La Cloche dans la brume », X.3.

La métaphore permet la même relation d'identité, mais sans le mot de comparaison.

comparé → comparant

Mon âme, une charogne éparse au champ des jours,   âme → charogne
    « Les Corbeaux », VI.3.

Sous l'astral flambeau que portent ses anges   lune → flambeau
    « Notre-Dame-des-Neiges », VII.7.

Seuls, des Camélias, en un glauque bocal
Ferment languissamment leurs prunelles câlines.   pétales → prunelles
    « Les Camélias », VIII.3.

Je suis de ceux pour qui la vie est une bière   vie → bière (cercueil)
    « Potiche », VIII.5.

Hélas ! Il a sombré dans l'abîme du Rêve !   rêve → abîme
    « Le Vaisseau d'Or », I.3.

L'allégorie est une métaphore élargie où l'analogie, autrement dit le rapport d'identité, est développée à l'aide d'un ensemble d'éléments. Dans « Le Vaisseau d'Or » (I.3), le vaisseau est une allégorie du cœur de « je » et, dans « La Passante » (X.8), la passante en est une de sa jeunesse.

Les synesthésies consistent à faire correspondre les divers ordres de sensation. Un même moment, une même donnée est perçue de façon simultanée par plusieurs sens.

La musique embaume   ouïe/odorat
    « Fantaisie créole », VIII.1.

Et que les lustres léthargiques   vue
Plaquent leurs rayons sur mon deuil
Avec les sons noirs des musiques.   ouïe/vue
    « Soirs hypocondriaques », XII.5.

En un jardin sonore, au soupir des fontaines,   ouïe
Elle a vécu dans les soirs doux, dans les odeurs ;   toucher/odorat
> « Clair de lune intellectuel », I.1.

La personnification consiste à faire d'un objet ou d'une abstraction un être réel.

Berceau, que n'as-tu fait pour moi tes bras funèbres ?
> « Devant mon berceau », II.2.

Dans « Les Vieilles Rues » (VI.1), ces dernières parlent comme une personne. Dans « Le Spectre » (XII.3), l'ennui, sous les traits du « Spectre des ennuis », discute avec « je ».

• Les figures de répétition

La répétition, que Nelligan utilise à tous les niveaux (sons, mots, syntagmes, vers, strophes), crée un effet d'obsession et rend le rythme lancinant.

Rime. Pour les sons, il y a bien sûr les rimes qui sont les répétitions obligées de la poésie traditionnelle. Parfois, Nelligan amplifie l'effet de la rime en ajoutant des rimes intérieures : un mot à l'intérieur d'un vers rime avec un autre mot placé ou non en finale de vers.

Où je vais, les cheveux au vent des jours mauvais
> « Sérénade triste », X.5.

Dans le boudoir tendu de choses de Malines
Tout est désert ce soir, Emmeline est au bal.
> « Les Camélias », VIII.3.

Allitération et assonance. Lorsqu'il s'agit de répétition de consonnes, on parle d'allitération, et d'assonance pour les voyelles.

Là-bas, groupes meuglants de grand bœufs aux yeux glauques le son *g*
 « Automne », V.1.

Les brises ont brui comme des litanies   les sons *br* et *i*
 « Presque Berger », V.5.

Répétition. Quand il s'agit d'un même mot ou groupe de mots, on parle tout simplement de répétition.

Seulement, seulement, expliquez-moi ce soir,
 « À une femme détestée », XI.9.

Anaphore. L'anaphore est la répétition d'un mot ou d'un groupe de mots en début de vers. Dans « La Romance du vin » (X.11), les syntagmes « Je suis gai » et « Ô le beau soir de mai » qui reviennent, sont des anaphores. Mais Nelligan ne se limite pas au syntagme. Par exemple, avec le rondel, il répète des vers entiers. Dans les trois premières strophes des « Vieilles Rues » (VI.1), il commence et termine la strophe avec le même vers. Dans « Sérénade triste » (X.5), c'est toute la première strophe qui est reprise à la fin du poème.

Parallélisme. Le parallélisme, qui a un effet répétitif, consiste en la juxtaposition de phrases construites à même des reprises syntaxiques et rythmiques.

De se savoir poète et l'objet de mépris,
De se savoir un cœur et de n'être compris
 « La Romance du vin », X.11.

Vous pleurez de mes yeux, vous tombez de mes mains.
        « Sérénade triste », X.5.

Énumération. L'énumération, appelée gradation quand les éléments sont placés dans un ordre croissant ou décroissant, est un autre type de répétition.

Ma chère, joins tes doigts et pleure et rêve et prie,   gradation
[…]
En ce monde menteur, flétri, blasé, pervers,   gradation
        « Mon âme », I.2.

Tout petits, frais, rosés, tapageurs et joufflus,   énumération
        « Devant le feu », II.4.

• Les figures d'opposition

Antithèse. Nelligan structure plusieurs poèmes sur une antithèse. Le poème « Devant deux portraits de ma mère » (II.6) oppose le « front nimbé de joie et [l]e front de souci ». Pour mieux faire ressortir l'élément antithétique, Nelligan lie opposition et répétition. Par exemple, dans « Bergère » (V.6), l'opposition entre « l'étoile d'or dans les houx » et « la tristesse dans les houx » ressort d'autant qu'elle est insérée dans deux strophes par ailleurs presque identiques. Toujours dans le but de mettre en relief l'antithèse, Nelligan utilise aussi le parallélisme. À cause de l'identité de structure et de rythme, l'opposition entre les éléments se détache.

Elle est hautaine et belle, et moi timide et laid :
[…]
Si le ciel m'eût fait beau, et qu'il l'eût faite laide !
        « Beauté cruelle », III.9.

Comment puis-je sourire à ces lèvres fanées ?
Au portrait qui sourit, comment puis-je pleurer ?
« Devant deux portraits de ma mère », II.6.

Oxymore. Nelligan utilise aussi l'oxymore, l'union de deux termes contradictoires dans une même expression : « saintement idolâtre » (« Christ en croix », X.4), « amers parfums » (« Violon d'adieu », IV.9).

Antiphrase. L'antiphrase permet de dire le contraire de ce qui est ou de ce qu'on veut laisser entendre. Dans « La Romance du vin » (X.11), le syntagme « Je suis gai » dit le contraire de ce qui est, soit l'infinie tristesse de « je ».

• Les figures d'expression

Chez Nelligan, la forte charge émotive et lyrique explique la fréquence des figures d'expression, lesquelles s'articulent autour des modalités du discours : interrogation, interjection, interpellation, ordre (impératif), souhait (subjonctif), ponctuation expressive (?, !, …), majuscules. En somme, ce « sont des figures par lesquelles passent la violence des passions, les émotions, les états d'âme d'un être en face du monde[3] ».

Qui donc fera renaître, ô détresse profonde,   interrogation
De ton clavier funèbre un concert triomphal ?
« Vieux piano », XI.2.

Gondolar ! Gondolar !   interpellation
« Le Fou », XI.7

---

   3   Jean-Louis Joubert, *La Poésie*, Paris, Armand Colin, 1988, p. 100.

Par vos soirs affreux ! ô Décembres !   exclamation, interpellation
Anges maudits, veuillez m'aider !   ordre
  « Soirs hypocondriaques », XII.5.

Ne le regardez pas ! que nul ne s'en occupe !   ordre
Dites même qu'il est de son sort dupe !
Riez de lui !… Qu'importe ! il faut mourir un jour…   ponctuation
  « Un poète », XI.10.

Ah ! la fatalité d'être une âme candide   interjection
  « Mon âme », I.2.

Dégoût, Haine et Névrose   majuscule
  « Le Vaisseau d'Or », I.3.

Ah ! puisses-tu vers l'espoir calme   interjection, souhait
Faire surgir comme une palme
Mon cœur cristallisé de givre !
  « Rêves enclos », IV.1.

À la santé du rire ! Et j'élève ma coupe,   exclamation
Et je bois follement comme un rapin joyeux.
Ô le rire ! Ha ! ha ! ha ! qui met la flamme aux yeux,   interjection
Ce vaisseau d'or qui glisse avec l'amour en poupe !   ponctuation
  « Banquet macabre », VI.6.

* * *

LES THÈMES[4]

• L'enfance

L'importance de l'enfance est indéniable dans l'œuvre de
Nelligan. Déjà, son premier projet de recueil avait
comme titre « Pauvre Enfance ». Les trois projets subsé-
quents auront une section dévolue à l'enfance : « Clavier
d'antan », qu'il dédie à sa mère, dans *Le Récital des
anges*, « Villa d'enfance » dans *Motifs du récital des*

---

[4]   Nous nous en tenons aux poèmes du *Vaisseau d'Or et autres poèmes*.   **191**

anges et « Le Jardin de l'enfance » dans *Émile Nelligan et son œuvre*. Les déceptions de la jeunesse expliquent la valorisation de l'enfance, d'autant qu'elle renaît à travers le flou du souvenir. Elle est à ses yeux « l'Éden d'or » (« Clavier d'antan », II.1). Il souhaite donc « retourn[er] au seuil de l'Enfance en allée » (« Mon âme », I.2). Cela est rendu possible par « le chemin du souvenir » (« Le Jardin d'antan », II.7), grâce au « [c]lavier vibrant de remembrance » (« Clavier d'antan », II.1). Lorsqu'il évoque son enfance, certains éléments y sont associés : la mère, « la douceur maternelle » (« Devant mon berceau »), et la musique, les sœurs et les jeux, la villa et le jardin, la chambre où il priait (« Mon âme », I.2).

• L'amour

À la mort de Nelligan en 1941, Lucien Lemieux se rappelle que, à la gare de Cacouna le 25 août 1898, Nelligan, après lui avoir serré fortement la main et s'être dirigé vers le train en partance pour Montréal, est revenu sur ses pas et lui a dit : « N'oublie pas que la vie sans amour, c'est la nuit[5] ». La quête d'un amour capable d'éclairer sa nuit apparaît dans de nombreux poèmes. Trois figures de femme marquent le parcours amoureux de Nelligan : le cycle de la jeune morte, celui de Gretchen et celui de Françoise. De la jeune morte, on ne sait rien ; son existence réelle reste une hypothèse. Pierre-H. Lemieux, dans *Nelligan amoureux*, suppose qu'elle existe à cause du nombre de poèmes qui y réfèrent nommément. Les poèmes qui y font directement allusion, tels « La Belle Morte » (III.5), « Chapelle de la

[5]   Paul Wyczynski, *Nelligan 1879-1941*, p. 232.

Robertine Barry, « sœur d'amitié » du poète.

La Revue nationale, février 1895.

morte » (III.8), « Le Soulier de la morte » (VIII.4), « Musiques funèbres » (IX.1), parlent de sa mort qui, selon Lemieux, serait survenue en octobre 1895. C'est ce qui expliquerait la tristesse qui caractérise l'automne chez Nelligan et sa prédilection pour les chapelles. Les deux lui rappelleraient cet amour de jeunesse.

Le cycle de Gretchen, quant à lui, comprend « Rêves enclos » (IV.1), « Five o'clock » (IV.3), « Gretchen la pâle » (IV.4), « Frisson d'hiver » (IV.11) et « Soirs d'Octobre » (IV.12). Selon Luc Lacourcière, ces poèmes ont été inspirés « par une jeune Allemande qui demeurait dans le voisinage de Nelligan, qu'il admirait comme une sorte d'Aurélia, mais à qui il n'osa jamais parler[6] ».

Le cycle de Françoise comprend les poèmes « Rêve d'artiste » (III.1), « Beauté cruelle » (III.9) et « À une femme détestée » (XI.9) qui éclairent partiellement la relation entre le poète et Robertine Barry (1863-1910), mieux connue sous le nom de Françoise. Amie de madame Nelligan, journaliste à *La Patrie*, auteure de *Fleurs champêtres*, elle est une personnalité importante de la société montréalaise de l'époque. Nelligan, à la recherche d'une « sœur d'amitié dans le règne de l'Art » (« Rêve d'artiste », III.1), la rencontre à son appartement de la rue Saint-Denis ou à son bureau pour lui lire ses poèmes. Sans qu'on en sache avec exactitude la cause, cette « sœur bonne et tendre » du premier poème deviendra une « Beauté cruelle » qu'il « déteste » dans « À une femme détestée ».

---

[6]   *Poésies complètes 1896-1899*, p. 290. *Aurélia* est le dernier récit de Gérard de Nerval.

À ces trois cycles, il faut ajouter celui de la musicienne qui met en scène une amoureuse musicienne. Les échecs amoureux de Nelligan, qui s'expliquent par la mort en ce qui concerne la jeune morte, la timidité en ce qui a trait à Gretchen et probablement le refus dans le cas de Françoise, trouvent leur conclusion dans le tercet final du poème « Le Vaisseau d'Or » (I.3) où le cœur, siège du sentiment amoureux, « a sombré dans l'abîme du Rêve ».

• L'Idéal, le rêve, le souvenir

Tour à tour enfance, amour, art, poésie, perfection morale, l'Idéal auquel l'âme aspire est inatteignable à cause de « La fuite de l'enfance » (II.8), de l'échec amoureux, de la « Matière aux yeux ensorcelants » (« Tristesse blanche », X.6), du mépris de « la foule méchante » (« La Romance du vin », X.11), de la « volupté sordide » (« Mon âme », I.2). C'est « la fatalité d'être une âme candide / En ce monde menteur, flétri, blasé, pervers » (« Mon âme », I.2). Par le souvenir, « je » recrée l'enfance en la villa ou l'amour de la jeune morte. Mais, s'il est « doux de s'en revenir par le chemin du souvenir », il est « amer aussi » (« Le Jardin d'antan », II.7). Bien qu'il « rêve l'essor aux célestes Athènes » (« Clair de lune intellectuel », I.1), que le « rêve élude [...] / L'affluence des sots » (« Soirs d'Octobre », IV.12), ses « rêves altiers fondent » (« Châteaux en Espagne », III.7). La « vie humaine est un grand lac [...] / Plein [...] / De blonds rêves déçus, d'illusions noyées » (« Le Lac », X.1). Le rêve et le souvenir s'avérant inutiles, « je » « sen[t] des bras funèbres / [L]'asservir au Réel » (« Ténèbres », X.10).

• Le mal de vivre, la mort

Lorsque « je » quitte l'enfance, la jeunesse est alors espoir, promesse de bonheur et d'amour. Mais la vie lui est « noire et méchante » (« La Vierge noire », XII.5) et l'Idéal comme l'amour demeurent inaccessibles. À l'espoir va succéder le désespoir ; au bonheur, le malheur : « Comme toi du bonheur ma pauvre âme est ravie » (« Vieux piano », XI.2). Tour à tour tristesse, ennui, névrose, détresse et douleur, le mal de vivre colore tout l'univers nelliganien. Ce mal à l'âme entraîne « je », « [b]oulevardier funèbre échappé des balcons » (« Soirs d'Octobre », IV.12), à errer de par la ville ou à s'enfermer dans des « appartements solennellement clos » (« Musiques funèbres », IX.1). Sa jeunesse, ses vingt ans, normalement promesse de joie et d'amour, « va, comme un soldat passant, / Au champ noir de la vie, arme au poing, toute en sang » (« Devant le feu », II.4) ; sa vie est « en loque, aux ennuis » (« Les Corbeaux », VI.3) ; son « âme est noire » (« Soir d'hiver », IV.2) et devient « une charogne éparse au champ des jours » (« Les Corbeaux », VI.3). « Je » « hai[t] la vie et son noir Carillon » (« Musiques funèbres », IX.1). La mort apparaît comme la solution à son mal de vivre. Le gouffre dans lequel s'enfonce « Le Vaisseau d'Or » (I.3) devient son « immuable cercueil ».

• La musique

Nelligan a aimé la musique avec passion. Selon sa cousine, Béatrice Hudon-Campbell, lorsque sa mère joue, il se fige, allongé et pensif sur le divan. Il fait de la musique chez lui avec ses sœurs, chez Édith Larrivée avec les

Émile Nelligan vers la fin de sa vie.

frères de cette dernière. Il préfère Chopin, Beethoven et Liszt, semble-t-il. Joseph Melançon affirme : « C'était qu'avant d'être un poète, Nelligan était musicien, musicien-né, sans connaître la musique. Combien de fois ne m'a-t-il pas fredonné, de mémoire, l'air de quelques extraits de Mozart ou de Bach[7] ». À l'Hôpital Saint-Jean-de-Dieu, lors de soirées, il récite des vers accompagné au violon par un autre patient.

Pour Nelligan, poésie et musique vont de pair. Il cherche à composer ses poèmes comme des morceaux de musique. Il aurait affirmé après l'écoute de la *Sonata quasi una fantasia* : « Quand pourrais-je donc transcrire mes poèmes en musique ? ». Comme Verlaine, ses poèmes doivent être de « la musique avant toute chose » (« Art poétique »). « Le Jardin d'antan » (II.7) et « Soir d'hiver » (IV.2) illustrent bien cette recherche d'un rythme musical.

Dans ses poèmes, nombreuses sont les allusions à des musiciens : Mendelssohn, Mozart, Liszt, Beethoven, Haydn, Paganini, Paderewski, Rubinstein, Chopin. Le champ lexical de la musique y revient fréquemment et l'ouïe y est privilégiée. La musique prend la couleur du paysage et de l'état psychique de « je ». Nelligan associe aussi musique et amour comme dans le cycle de la musicienne.

• La religion

À la fin du XIXe siècle, rares sont ceux qui, au Québec, peuvent se targuer de ne pas subir l'influence de la religion catholique. Élevé par une mère profondément catholique, instruit dans des institutions dirigées par des

---

[7]   « Émile Nelligan », *La Patrie*, 24 juillet 1949, p. 58-61.

religieux, Nelligan en est imprégné. Ainsi, dans « Amour immaculé » (III.6) et « La Chapelle de la morte » (III.8), l'effusion amoureuse, par métaphore, est associée à la religion. La religion est aussi un thème comme dans les poèmes en l'honneur de sainte Cécile (« Billet céleste », VII.2 ; « Rêve d'une nuit d'hôpital », VII.3) ou sur les religieux (« Le Cloître noir », VII.4), tous, images de l'Idéal.

Vivant dans un milieu qui n'acceptait pas que quelqu'un passe outre aux diktats religieux, il aurait été étonnant que Nelligan, du moins explicitement, déroge à l'orthodoxie catholique. Les quelques poèmes, perçus comme douteux, ont été censurés, probablement sous la pression maternelle, soit par Dantin, soit par Nelligan lui-même. Ainsi, Anne-Marie Gleason, qui accompagne en novembre 1902 madame Nelligan venue voir son fils, fait dire à Nelligan : « Maman, tu sais, ces vers qui t'ont fait pleurer ? Je les regrette, je les répudie, dis-leur bien à tous que je les ai reniés. Demande à ces amis qui les ont lus, de les oublier, à ceux qui en gardent la copie, de la brûler[8] ». Dantin, obéissant, ne fera plus état de « deux ou trois pièces fortement irrévérencieuses dans lesquelles des abbés trop joufflus caressent des filles trop accortes : Ohé ! Ohé ! quel chapelet / Se dit derrière les portes / Belle laitière aux hanches fortes[9] ». Dantin jugera aussi opportun de remplacer le prêtre fou par l'amant fou dans « Le Puits hanté » (IX.3). Même Nelligan, entre deux versions du « Cloître noir » (VII.4), choisit l'orthodoxe.

* * *

---

[8] Madeleine, [Anne-Marie Gleason], « Testament d'âme, Aux amis d'Émile Nelligan », *La Patrie*, 14 novembre 1902, p. 22.

[9] *Les Débats*, 24 août 1902.

• Table[10] des thèmes, motifs[11], mots-clés

âme I.2, II.4, II.9, II.10, III.3, III.8, III.9, IV.2, IV.8, IV.11, IV.12, V.3, VI.1, VI.2, VI.3, VI.5, VI.7, VI.9, VIII.1, VIII.4, VIII.5, IX.1, IX.3, X.3, X.10, XI.1, XI.2, XI.9, XI.10

amour I.3, II.3 (Lucille), III.2 (« petite Miss »), III.3 (« Reine »), III.4, III.6 (« romanesque aimée »), III.7, V.6 (« Bergère »), VI.2, VI.5 (vieille au perroquet), VI.6, VIII.3 (Emmeline), X.1 (amants), X.7 (mignonne), XI.10

- cycle de Françoise III.1, III.9, XI.9
- cycle de Gretchen IV.1, IV.3, IV.4, IV.11, IV.12
- cycle de la jeune morte III.5, III.8, VIII.4, IX.1
- cycle de la musicienne IV.6 (comtesse), IV.8 (« ma maîtresse »), IV.9

ange II.2, II.10, III.5, III.6, IV.4, VII.1, VII.2, VII.3, VII.4, VII.5, VII.7, VIII.4, IX.4, X.2, XII.2

ange noir / démon III.7, IV.4, IV.7, IV.10, IV.12, VI.3, VI.4, VI.7, XII.5

automne III.4, IV.12, V.1, V.4, VI.2, VI.4, X.3, X.5, X.7, X.11,

bonheur / malheur II.4, II.9, III.9, X.1, X.5, X.11, XI.2

cercueil / tombeau / linceul I.3, II.2, II.9, III.4, III.8, VI.3, VI.4, VI.8, VI.9, IX.1, X.10, XII.2, XII.4

chapelle / église / basilique II.10, III.5, III.6, III.8, IV.1, V.1, VII.1, VII.5, X.3, XII.2

cloche V.1, VI.4, VII.1, IX.1, IX.4, X.3, X.9, X.11

---

[10] Cette table n'a aucune prétention à l'exhaustivité.
[11] Figure répétitive qui caractérise un thème. Le motif de la villa caractérise le thème de l'enfance.

cœur I.3, II.6, II.8, II.10, III.2, III.3, III.4, III.6, III.7, III.9, IV.1, IV.6, IV.8, IV.9, IV.11, V.5, VI.3, VI.4, VI.5, VI.8, VIII.4, IX.1, X.1, X.5, X.6, X.7, X.8, X.9, X.10, X.11, XI.8, XI.9, XI.11, XII.1, XII.2, XII.3

couleurs

- blanc (neige, immaculé) I.1, I.2, II.2, II.5, II.6, II.7, II.8, III.1, III.2, III.5, III.6, IV.2, IV.8, V.3, V.5, VI.2, VI.8, VII.1, VII.3, VII.5, VII.7, VIII.2, X.5, X.6, XI.1, XI.3, XI.5, XI.8, XI.10

- noir II.4, II.8, II.9, IV.2, IV.8, IV.10, V.3, VI.1, VI.4, VI.5, VI.7, VI.8, VI.9, VII.4, VIII.4, IX.1, IX.3, X.3, X.4, X.9, X.11, XI.1, XI.4, XII.2, XII.3, XII.4, XII.5

- or (blond, ambré, jaune) I.1, I.3, II.1, II.3, II.5, II.6, II.9, II.10, III.4, III.6, III.7, IV.1, IV.2, IV.3, IV.4, IV.6, V.3, V.6, VI.6, VII.1, VII.5, VII.7, VIII.1, VIII.2, VIII.4, VIII.5, IX.4, X.1, X.5, X.6, X.9, X.11, XI.1, XI.10, XII.3, XII.4

détresse IX.2, X.3, X.10, XI.2, XII.1

douleur (souffrance) I.2, IV.2, IV.12, V.2, VI.2, VIII.3, VIII.5, IX.1, IX.2, X.3, X.4, X.6, X.8, X.9, XI.9, XI.11

enfance I.2, II.1, II.2, II.3, II.4, II.7, II.8, II.9, V.5, X.5, X.10, XII.2

ennui (langueur) II.4, IV.1, IV.2, IV.5, IV.10, IV.12, VI.3, IX.1, XI.9, XII.2, XII.3

errance II.8, II.10, III.6, IV.5, IV.9, IV.12, VI.9, IX.4, XII.2

espoir / désespoir I.2, II.1, II.8, III.1, III.6, IV.1, IV.2, IV.3, IV.9, IV.12, VI.7, VI.9, VII.4, VIII.2, VIII.5, X.1, X.2, X.3, XI.1, XII.2

rêve I.1, I.2, I.3, II.1, III.1, III.2, III.4, III.6, III.7, III.9, IV.1, IV.5, IV.7, IV.9, IV.11, IV.12, V.3, V.5, VI.4, VII.2, VII.3, IX.1, IX.2, IX.4, X.1, X.3, X.4, X.5, X.9, X.10, X.11, XI.1, XI.4, XI.5, XI.10.

soir I.1, I.2, II.4, II.7, II.8, II.9, II.10, III.2, III.3, III.6, IV.2, IV.5, IV.6, IV.7, IV.8, IV.9, IV.10, IV.12, V.3, V.6, VI.2, VII.1, VII.2, VII.4, VII.7, VIII.1, VIII.3, VIII.4, IX.1, IX.3, IX.4, X.1, X.4, X.7, X.8, X.9, X.11, XI.2, XI.3, XI.9, XII.2, XII.3, XII.5

souvenir II.1, II.2, II.7, II.8, V.5, V.6, VI.2, VII.1, VIII.4, X.1, XI.2

tristesse IV.9, V.4, V.6, VI.6, VI.7, VII.1, IX.1, X.3, X.5, X.6, X.10, X.11, XI.1, XI.9, XI.10, XII.2

vaisseau I.3, II.8, III.3, VI.6, X.6, X.10, XII.1

vingt ans II.3, II.8, III.4, VI.8, X.5, X.6, X.10

vivre I.2, II.2, II.4, IV.1, IV.2, V.5, VI.3, VI.9, VIII.4, VIII.5, IX.1, X.1, X.8, X.10, X.11, XI.2, X.10, XII.4

[…]. Presque toujours, la poésie de Nelligan s'isole, s'emprisonne, ferme les yeux, et se gémit elle-même. Car alors, ce qui est son fond essentiel, c'est une tristesse sombre et désolée. Non la tristesse qui flotte, vaporeuse et douce, sur l'âme des purs mélancoliques ; – non celle qui s'amollit, comme chez Rodenbach, de la suavité des souvenirs ; – non plus celle qui se justifie et se raisonne, comme chez les grands pessimistes ; – mais la tristesse sans objet, sans cause, et dès lors sans consolation ; lame implacable et froide enfoncée jusqu'au vif du cœur ; torture aiguë, amère, enfiévrée et desséchante, n'ayant pas même l'orgueil de la force stoïque ou le soulagement des larmes.

De l'âme où elle a son centre morbide, cette tristesse s'épand sur les êtres et les enveloppe d'un voile de deuil. Sa vision des choses passe toute par la raie obscure du prisme. Elle promène sur tout ce qui est vie, lumière, éclat, son éteignoir funèbre ; elle ensevelit l'univers dans son propre tombeau. Envers la joie, l'amour, l'action, tout ce qui attire et invite, elle se fait défiante, presque haineuse. Elle flaire des pièges dans les fleurs et les astres, et si elle leur prête ses langueurs, c'est sans en recevoir ni en attendre de pitié. Elle souffre également du réel et de l'idéal, de la nature et de la beauté. La mort elle-même, cette grande libératrice, est repoussée comme une marâtre. Ainsi cette souffrance envahit tout, s'assimile tout, s'exacerbe et grandit de toutes les victimes qu'elle s'immole.

Louis Dantin, « Préface », *Émile Nelligan et son œuvre*,
Montréal, Beauchemin, 1903, p. xvii.

À Heredia, il doit l'amour du mot somptueux, du terme rare, le souci de la facture précise, de la rime riche, imprévue, difficile, coup d'aile qui emporte la strophe en pleine apothéose. [...] Mais à Verlaine, dont il est franchement le disciple [...] il doit les vers fluides, plus libres, les vers sanglots où les mots perdent parfois leur sens précis pour ne plus suggérer qu'une sensation musicale très fine et très pénétrante.

Charles ab der Halden, *Nouvelles études de la littérature canadienne-française*,
Paris, E.-R. de Rudeval, 1907, p. 339-377.

Nelligan n'a chanté ni Champlain, ni Montcalm, ni la feuille d'érable, ni « l'habitant canadien ». [...] Nelligan n'a jamais chanté la nature à la manière puérile [...] qui consiste surtout à idéaliser les jupons mal odorants d'une paysanne et à trouver respectables et sacrées les faces sournoises des plus indécrottables villageois. Il n'a jamais campé [...] des arches de Noé en bois peint dans des paysages en celluloïd. La sentimentalité champêtre et la déclamation historique qui sont les sources vénérées de la littérature au Canada ne l'ont pas abreuvé de leurs ondes patriotiques. [...]

Si la poésie ne tient pas à l'anecdote et si elle ne tient nullement dans certaines lois respectables telles que l'alternance régulière, la césure ou la rime, si la poésie est une certaine harmonie rythmique au service d'un certain lyrisme et d'une certaine passion, la poésie de Nelligan est authentique.

Robert La Roque de Roquebrune, « Hommage à Nelligan »,
Le Nigog, juillet 1918, p. 220-221.

[...] Si ses sentiments ont de la vie, et partant de la valeur esthétique, c'est parce qu'il les doubla et matérialisa d'*images*, pour revenir à cette formule. Ce poète chanta la Mort. Non pas l'idée de celle-ci, comme les romantiques, mais le sentiment qu'il appelait : la fuite de l'enfance, la jeunesse en larmes, le regret de vivre, l'effroi de mourir, le frisson sinistre des choses. [...] Il racheta enfin la métaphore visuelle par la métaphore auditive et odorale, et inversement.

Louis-Joseph de la Durantaye, « Les images et les procédés
d'Émile Nelligan », *Les Annales*, janvier 1923, p. 5-6.

La moelle de l'œuvre pourrait à la rigueur se resserrer dans les deux thèmes de l'enfance et de la mort. Entre ces deux extrêmes oscille une tristesse qui n'est ni la plainte de Millevoye, ni le spleen de Baudelaire, ni la chanson grise de Verlaine, ni la mélancolie blanche de Rodenbach, ni la névrose sombre de Rollinat, ni l'hallucination noire de Poe : elle est probablement l'état d'âme nelliganien qui évolue entre le berceau et le cercueil.

Paul Wyczynski, *Poésie et symbole*, Montréal,
Librairie Déom, 1965, Collection Horizons, p. 86.

BIBLIOGRAPHIE

ÉDITIONS DES ŒUVRES D'ÉMILE NELLIGAN

- *Émile Nelligan et son œuvre*, préface de Louis Dantin, Montréal, Beauchemin, 1903, xxxiv, 164 p.

- *Oeuvres complètes I. Poésies complètes 1896-1941*, édition critique établie par Réjean Robidoux et Paul Wyczynski, Montréal, Fides, 1991, collection « Le Vaisseau d'or », 646 p.

- *Oeuvres complètes II. Poèmes et textes d'asile 1900-1941*, édition critique établie par Jacques Michon, Montréal, Fides, 1991, collection « Le Vaisseau d'or », 615 p.

- *Poésies complètes 1896-1899*, texte établi et annoté par Luc Lacourcière, Montréal, 1952, Collection du Nénuphar, 331 p.

TEXTES SUR ÉMILE NELLIGAN

- Gérard Bessette, *Les Images en poésie canadienne-française*, Montréal, Beauchemin, 1960, 282 p.

- Id., *Une littérature en ébullition*, Montréal, Éditions du Jour, 1968, 315 p.

- Pierre-H. Lemieux, *Nelligan amoureux*, Montréal, Fides, 1991, 287 p.

- Jacques Michon, *Émile Nelligan. Les Racines du rêve*, Montréal/Sherbrooke, Les Presses de l'Université de Montréal/Les Éditions de l'Université de Sherbrooke, 1983, collection « Lignes québécoises », 178 p.

- Paul Wyczynski, *Émile Nelligan. Sources et originalité de son œuvre*, Ottawa, Éditions de l'Université d'Ottawa, 1960, 349 p.

- Id., *Nelligan 1879-1941. Biographie*, Montréal, Fides, 1990 (Deuxième édition revue et corrigée), collection « Le Vaisseau d'or », 632 p.

DISCOGRAPHIE ET FILMOGRAPHIE

- *Monique Leyrac chante Nelligan*, enregistrement du spectacle présenté au Cinéma Outremont, musique d'André Gagnon. Récitation de 32 poèmes.

- *Émile Nelligan, in memoriam*, long métrage couleur, 45 minutes, réalisation Robert Desrosiers, 1977.

- *Nelligan*, film vidéo, 104 minutes, réalisation Robert Favreau, 1991.

- *Nelligan*, opéra, musique André Gagnon, livret Michel Tremblay, 1991.

INDEX ALPHABÉTIQUE
DES POÈMES

Les chiffres en gras renvoient aux numéros de pages. **209**

agape : repas en commun des premiers chrétiens.

agreste : champêtre, rustique.

alangui : ayant perdu de son énergie, nonchalant.

alanguir : affaiblir.

altier : marqué par l'orgueil, la fierté.

ambre : substance aromatique de couleur jaune doré.

ambré : de la couleur jaune doré de l'ambre.

amertume : aigreur, mélancolie causée par un sentiment de mécontentement, de déception.

améthyste : pierre fine violette.

Anadyomène : autre nom d'Aphrodite, déesse de l'Amour.

angélus : prière en l'honneur de la Vierge, récitée le matin, le midi et le soir, ou le son de la cloche l'annonçant.

annales : ouvrage qui rapporte les événements année par année.

aphonie : perte de la voix.

âprement : brutalement, violemment.

archange : ange supérieur dans la hiérarchie angélique.

Athène : capitale de la Grèce, haut lieu de l'art dans l'Antiquité, symbole de la perfection artistique.

atone : sans expression, sans vie.

âtre : foyer.

aubade : concert donné à l'aube sous les fenêtres de la personne qu'on veut honorer.

Autran, Joseph (1813-1877) : poète français, auteur de *La Vie rurale* (1858).

Ave : salut ; la prière « Je vous salue Marie ».

Bacchus : dieu de la vigne, du vin et du délire extatique.

balustre : petit pilier.

basilique : grande église métropolitaine ou archiépiscopale.

Beethoven, Ludwig van (1770-1827) : compositeur allemand.

beffroi : clocher d'une église.

bélître (terme injurieux) : homme de rien, coquin.

bellâtre : bel homme, fat et niais.

bengali : oiseau d'Afrique occidentale au plumage coloré.

bénigne : voir bénin.

bénin : doux, bienveillant.

berle : plante aquatique atteignant un mètre de hauteur.

berline : voiture tirée par des chevaux, recouverte d'une capote et munie de glaces.

bière : cercueil.

bise : vent sec et froid.

bîva : luth japonais.

blason : symbole identitaire, armoiries.

bock : verre à bière.

Bonheur, Marie Rosalie (1822-1899) : peintre française d'animaux et de scènes rustiques.

boudoir : petit salon de dame.

bourdon : grosse cloche à son grave

bourg : gros village.

bramer : crier en parlant du cerf.

brocart : étoffe de soie aux motifs d'or, d'argent.

brou : écale de noix.

bruire : produire un son confus et continu.

bruissant : avec un son confus et continu.

Bucéphale : nom du cheval favori d'Alexandre le Grand.

calvaire : crucifixion de Jésus-Christ ; suite d'épreuves douloureuses.

camée : pierre fine formée de couches de différentes couleurs et sculptée en relief.

caprice : en peinture ou en gravure, dessin bizarre ou original.

carène : partie de la coque d'un navire située en dessous de la ligne de flottaison.

carillon : sonnerie d'un ensemble de cloches accordées.

carmélite : religieuse cloîtrée de l'ordre du Carmel.

carmin : couleur rouge éclatant.

castel : petit château.

Cécile (sainte) : vierge et martyre romaine, patronne des musiciens (fête le 22 novembre).

Cellini, Benvenuto (1500-1571) : orfèvre, médailleur et sculpteur italien, célèbre, entre autres, pour la *Nymphe de Fontainebleau* et *Persée*.

certe : sans *s*, licence poétique.

charmille : allée bordée d'arbres taillés en berceau.

charogne : corps en décomposition d'un animal mort.

chasuble : vêtement revêtu par le prêtre pour dire la messe.

chef : tête.

chêneau : jeune chêne.

chenet : chacun des supports métalliques d'un foyer de cheminée sur lesquels on place les bûches.

chérubin : tête ou buste d'enfant porté par des ailes.

chimère : illusion, imagination vaine.

chimérique : qui se complaît dans de vaines imaginations, illusoire.

choir : tomber.

Chopin, Frédéric (1810-1849) : pianiste et compositeur polonais de mazurkas, valses, nocturnes, polonaises et préludes au caractère romantique et mélancolique. Il a composé 51 mazurkas que Dantin appréciait énormément. C'était le musicien préféré de la mère de Nelligan.

chopinade (création nelliganienne) : œuvre de Chopin.

cinname : cannelle.

ciselure : ornement taillé avec un ciseau.

ciste : tombe formée de quatre dalles recouvertes d'une cinquième.

clair-obscuré (création nelliganienne) : de clair-obscur, pénombre.

clavecin : instrument à cordes pincées et à clavier, ancêtre du piano.

cloître : partie d'un couvent ou d'un monastère interdite aux laïcs et d'où les religieux ne sortent pas.

cloîtrer : enfermer.

cockney : Londonien.

cohorte : troupe.

conquistador : nom donné aux conquérants espagnols du Nouveau Monde.

cor : instrument à vent constitué d'un tube conique enroulé sur lui-même qui se termine par un large pavillon en cuivre et à embouchure.

coulé : passé, vécu.

courtisane : prostituée de rang social élevé.

crédule : qui croit facilement.

créole : Blanc né dans les anciennes colonies tropicales.

crêpe : morceau de tissu noir suspendu à la porte d'une maison en signe de deuil.

crescendo : en augmentant graduellement l'intensité du son.

cri-cri : grillon.

cristallin : clair, transparent comme le cristal.

croassement : cri du corbeau.

crypte : caveau construit sous une église.

cuisant : qui affecte vivement.

Cupidon : dieu de l'Amour chez les Romains.

cyprès : nom courant du pin gris.

Cyprine : autre nom d'Aphrodite, déesse de l'Amour.

Dante, Alighieri Durante dit (1265-1321) : poète italien, célèbre pour *La Divine Comédie* (1306-1321) dans laquelle il raconte son aventure intellectuelle et spirituelle sous l'allégorie d'un voyage qui le mène des neuf cercles de l'*Enfer* au *Paradis* qui domine la montagne aux sept collines du *Purgatoire*.

dédale : labyrinthe, lieu où l'on s'égare à cause de la complication des détours.

De Profundis : des profondeurs, nom de la prière des morts.

devers : du côté de.

diamanté : ayant l'éclat du diamant.

diaphane : transparent.

Dies iræ, dies illa : début du chant de la messe des morts qui signifie « Jour de colère, ce jour-là ».

docte : savant (souvent ironique).

doguet (création nelliganienne) : dogue, chien de garde.

dolent : triste et plaintif.

eau-forte : gravure.

ébène : bois noir.

Éden : nom du paradis terrestre dans la Bible.

élégiaquement : de l'adjectif élégiaque, mélancoliquement, tendrement.

élite (d') : qui se distingue par de grandes qualités.

éluder : dérober, soustraire.

émail : ici, éclat et diversité des couleurs.

embrouillamini : confusion, désordre.

emmi : vieux mot signifiant parmi.

empourpré : devenu rouge.

Empyrée : Paradis, séjour des bienheureux.

encensoir : instrument servant à brûler l'encens et à en répandre le parfum.

encor : sans *e*, licence poétique.

engeance : catégorie de personnes méprisables.

éphèbe : jeune garçon qui a atteint l'âge de la puberté.

éploré : en pleurs.

Érèbe : fils de Chaos et frère de la Nuit, personnification des ténèbres infernales.

escarpement : pente raide, abrupte.

fange : boue.

fantasque : bizarre, extraor-
dinaire dans son genre.

faune : divinité champêtre
dans la mythologie romaine,
représentée avec un corps
velu, des cornes et des pieds
de chèvre.

fauve : féroce.

ferler : plier, attacher une
voile.

fifre : celui qui joue du fifre,
petite flûte en bois au son
aigu.

flegme : impassibilité, calme.

folâtrer : s'ébattre gaiement et
librement.

gala : grande fête souvent à
caractère officiel.

gaze : étoffe légère et transpa-
rente.

geindre : se plaindre en
émettant des sons faibles et
inarticulés.

genévrier : arbrisseau tou-
jours vert dont les petits
fruits sont employés dans la
fabrication du gin.

geôle : prison.

gésir : être étendu, immobile ;
être enterré ; se trouver.

gît : gésir (v. ce mot) à la
3e personne du singulier.

glace : miroir.

glauque : de couleur vert
bleuâtre.

gouailler : se moquer, plai-
santer sans délicatesse.

gouailleur : qui gouaille.

grabat : très mauvais lit.

gueux : pauvre ; coquin.

guipure : dentelle sans fond
représentant des fleurs, des
arabesques.

hagard : en proie à un trou-
ble violent, l'air effaré, boule-
versé, égaré.

hallier : ensemble de buis-
sons très épais.

hameau : petit village.

hautbois : instrument de
musique à vent.

Haydn, Joseph (1732-1809) :
compositeur autrichien, célè-
bre pour ses oratorios.

hétéromorphe : de formes
différentes.

hilarité : plaisanterie.

hospodar : titre des princes
vassaux du sultan de Turquie.

houx : arbre ou arbuste dont les fleurs blanches produisent des baies rouges.

hymen : mariage.

hypocondriaque : mélancolique, neurasthénique.

icône : image sacrée des religions orthodoxes.

idolâtre : qui adore la statue d'une divinité.

if : conifère aux feuilles vert sombre et aux fruits rouges.

Ilion : autre nom de la cité légendaire de Troie.

immuable : qui n'est pas sujet à changement, à transformation.

incivile : impoli, discourtois.

incliner : céder.

inoculer : introduire dans l'organisme, faire pénétrer dans l'esprit.

ironique : railleur, sarcastique, moqueur.

Isis : déesse égyptienne, symbole de l'épouse et de la mère idéales.

jocko : singe (terme de mépris), ancien nom de l'orang-outan.

Kremlin : ancienne forteresse située à Moscou.

labarum : étendard de l'empire romain, sur lequel Constantin apposa une croix, le monogramme du Christ et la formule *In hoc signo vinces* « Par ce signe tu vaincras ».

lame : vague.

lande : étendue de terre inculte où ne croissent que quelques plantes sauvages.

lange : étoffe de laine ou de coton dont on enveloppe les enfants au berceau.

langueur : abattement physique ou moral ; mélancolie douce et rêveuse.

latent : qui ne se manifeste pas, qui reste caché.

léthargie : sommeil profond et continu pendant lequel les fonctions vitales sont très ralenties.

léthargique : relatif au sommeil profond et continu pendant lequel les fonctions vitales sont très ralenties

lied : romance, chanson populaire, sorte de ballade propre aux pays germaniques.

liesse : joie.

limon : boue.

linceul : pièce de toile dans laquelle on ensevelit les morts.

Liszt, Franz (1811-1886) : compositeur et pianiste hongrois.

litanie : prière dialoguée entre le prêtre et les fidèles.

livrée : habit d'un domestique.

loque : morceau d'étoffe déchirée.

Louisiane : ancienne colonie française sur le golfe du Mexique, elle fut cédée aux États-Unis en 1803 par Napoléon Bonaparte.

Lucifer : Satan.

lustre : luminaire à plusieurs lampes, suspendu au plafond.

luth : instrument de musique à cordes, symbole de la poésie, du don poétique.

lutin : petit génie malicieux et espiègle.

Malines : ville de Belgique, autrefois réputée pour sa dentelle.

mandoline : petit instrument de musique à cordes.

mandore : ancien instrument de musique semblable au luth.

manteline : petit manteau.

marche : pièce de musique destinée à régler le pas d'un cortège ; « Marche funèbre » de Chopin.

mazurka : courte composition musicale sur le rythme et les thèmes de la danse d'origine polonaise à trois temps du même nom.

mélopée : chant, air monotone.

Mendelssohn-Bartholdy, Félix (1809-1847) : compositeur allemand.

Mendès, Catulle (1841-1909) : écrivain français de l'école parnassienne. L'épigraphe est le deuxième quatrain de « L'Absente », tiré du recueil *Poésies*.

menuet : ancienne danse à trois temps du XVIIe siècle.

Millevoye,Charles Hubert
(1782-1816) : poète français,
auteur d'élégies dont « La
Chute des feuilles », « Le
Poète mourant » (1811).

mioche : enfant.

misanthrope : qui déteste le
genre humain.

modal : relatif aux modes mi-
neur et majeur en musique.

moire : étoffe de soie aux
reflets chatoyants.

moiré : aux reflets cha-
toyants, changeants.

moite : légèrement humide.

mordorer : colorer d'un brun
chaud, à reflets dorés.

mousseline : tissu fin, souple
et transparent.

Mozart, Wolfgang Amadeus
(1756-1791) : compositeur
autrichien, un des grands
maîtres de l'opéra. Il créa
notamment *Les Noces de
Figaro*.

muse : inspiratrice d'un
poète.

nacrée : qui a l'aspect, l'éclat
de la nacre, substance dure,
brillante, à reflets irisés et
chatoyants.

naguères : avec s, licence
poétique.

nef : partie d'une église où se
tiennent les fidèles ; navire.

nenni : non.

névrose : maladie caractéri-
sée par des troubles affectifs
et émotionnels (angoisse,
obsessions, etc.).

nimbé : auréolé.

nocturne : morceau pour
piano.

nonne : religieuse.

notoire : connu.

novice : personne qui passe
une période de temps dans
un couvent, comme épreuve,
avant de prononcer ses
vœux.

nymphe : divinité des bois,
des montagnes, des eaux
dans les mythologies grecque
et romaine.

odorer : répandre une odeur.

olifant : petit cor d'ivoire que
portaient les chevaliers du
Moyen Âge.

olympien : qui habite
l'Olympe, le séjour des dieux
dans la mythologie grecque.

onde : eau.

ondulement (création nelliganienne) : ondulation.

onyx : agate semi-transparente.

opalin : qui a l'aspect laiteux et bleuâtre et les reflets irisés de l'opale.

opiacé : qui a l'odeur de l'opium.

orfèvrerie : art de fabriquer des objets d'ornement en métaux précieux.

Paganini, Niccolo (1782-1840) : violoniste et compositeur italien.

palme : feuille de palmier ; symbole de victoire, de triomphe.

Pan : dieu grec des bergers et des troupeaux.

pantin : figurine dont on fait bouger les membres au moyen d'un fil.

Parme : ville d'Italie.

Paros : une des îles Cyclades dont les carrières ont fourni aux artistes de la Grèce antique le plus beau marbre statuaire.

pastel : oeuvre picturale faite au pastel.

pastour : berger.

pèlerin : personne qui fait un pèlerinage vers un lieu de dévotion.

persienne : châssis mobile dont les lattes horizontales bloquent les rayons directs du soleil, mais laissent pénétrer l'air.

pervenche : plante aux fleurs bleu clair ou mauves.

phalange : troupe.

pipeau : flûte champêtre, symbole de la poésie pastorale.

placet : demande écrite pour obtenir grâce ou justice.

plèbe : terme péjoratif désignant le peuple.

porcelaine : objet de porcelaine.

portail : entrée principale, souvent monumentale, d'un édifice, d'un parc, etc.

potiche (fém. et masc.) : grand vase de porcelaine de Chine ou du Japon.

poupe : partie arrière d'un navire.

pourpre : rouge foncé tirant sur le violet.

pourpré : rouge.

prélude : introduction musicale à un morceau ou morceau autonome dont la composition est libre.

preste : prompt et agile.

prestesse : promptitude et agilité.

prétentaine : courir la prétentaine, vagabonder.

primevère : plante dont la floraison est tôt au printemps.

prisme : corps transparent qui dévie et décompose la lumière.

profane : personne non initiée.

promenoir : lieu couvert destiné à la promenade.

proue : avant d'un navire.

rachitique : maigre, anormalement peu développé.

râle : bruit rauque de la respiration chez certains moribonds.

rallonge : chemin plus long (québécisme).

ramage : chant des oiseaux dans les arbres.

ramure : ensemble des branches d'un arbre.

rancœur : ressentiment causé par une déception.

rapin : apprenti dans un atelier de peinture.

rauque : d'une voix rude et comme enrouée.

ravine : petit ravin.

réfectoire : salle à manger d'une communauté.

refouler : fouler (marcher sur) à nouveau.

relégué : mis à l'écart.

relique : ce qui reste du corps d'un martyr, d'un saint, ou d'un objet qui lui est relié.

remembrance : souvenir.

remémorer : remettre en mémoire.

remord : sans *s*, licence poétique.

ritournelle : court motif instrumental, répété avant chaque couplet d'une chanson, chaque reprise d'une danse.

Rodenbach, Georges (1855-1898) : poète symboliste belge très apprécié de Nelligan. Ces vers sont tirés de *La Jeunesse blanche* publié en 1886.

rogations : prières durant les trois jours qui précèdent l'Ascension pour attirer la bénédiction divine.

rondel : poème à forme fixe.

roseau : plante du bord de l'eau.

rosse : personne sévère, méchante.

Rubens, Petrus Paulus (1577-1640) : peintre flamand.

rustre : qui manque de finesse.

sabbat : assemblée nocturne de sorciers et de sorcières qui, suivant la tradition populaire, se tenait le samedi à minuit sous la présidence de Satan.

sabrer : frapper à coups de sabre.

sachet : petit sac de lavande, de thé, etc.

safran : plante dont on tire un condiment et un colorant jaune orangé.

sanctuaire : endroit le plus saint d'une église, généralement interdit aux fidèles.

santal : petit arbre d'Asie tropicale cultivé pour son bois à l'odeur douce et pénétrante.

Saxe : région d'Allemagne, porcelaine de Saxe, ici une pendule.

sceau : cachet qui authentifie un document.

sente : sentier.

séraphin : ange.

séraphique : angélique, éthéré.

sérénade : composition musicale en plusieurs mouvements ou concert donné sous les fenêtres la plupart du temps d'une femme à qui l'on veut rendre hommage.

servile : qui fait preuve d'une excessive soumission.

sieur : monsieur.

singulier : qui se distingue des autres, étonnant, extraordinaire.

sirène : être mythique, femme à queue de poisson dont le chant mélodieux attirait les navigateurs sur les écueils.

soliloque : monologue.

spasme : contraction musculaire involontaire, intense et passagère.

spectral : qui a l'apparence d'un spectre, d'un fantôme.

spectre : fantôme.

sphinx : figure monstrueuse de lion couché à tête d'homme, de bélier ou d'épervier.

spleen : ennui, neurasthénie.

suranné : désuet, vieillot.

susurré : chuchoté.

Sylphes : génies de l'air dans les mythologies gauloise et germanique.

symptôme : indice, présage, signe.

tarentelle : danse populaire au rythme rapide, du sud de l'Italie, ou l'air l'accompagnant.

tâtons (à) : à l'aveuglette.

timbre : sonorité.

tocsin : sonnerie répétée et prolongée d'une cloche pour donner l'alarme.

Tolède : ville d'Espagne, en Castille, sur la rive gauche du Tage.

tombeau : poème ou œuvre musicale en mémoire et à la gloire de quelqu'un.

tonnelle : petit abri de jardin de forme circulaire auquel on fait grimper des plantes.

tourbe : troupe méprisable, ramassis.

Toussaint : fête de tous les saints, 1er novembre.

transcendantalement : au-dessus des réalités.

trépas : mort.

trille : battement rapide sur deux notes voisines.

tristia : choses tristes.

urne : vase qui contient les cendres d'un mort.

ut : première note de la gamme, do.

val : vallée.

vallon : petite vallée.

vaquer : se consacrer.

veilleuse : ici, lampe de sanctuaire sur pied ou suspendue, symbole de la présence divine.

vénitien : de Venise.

vêpres : office religieux célébré le soir au coucher du soleil.

véranda : galerie couverte.

verve : imagination, fantaisie qui se manifeste par la parole.

vespéral : du soir.

vesprée : fin d'après-midi, soirée.

vétusté : état d'une chose détériorée par le temps.

vigile : veille de grande fête.

villanelle : danse ancienne qui accompagnait la poésie ou chanson pastorale du même nom.

Ville-Marie : ancien nom de Montréal.

virgilienne : poésie à la manière de Virgile, poète latin (v. 70-19 av. J.-C.) ; d'une douceur champêtre.

vitchoura : pardessus polonais garni de fourrure et porté par les hommes et les femmes.

volage : peu fidèle en amour.

Watteau, Antoine (1684-1721) : peintre français de fêtes galantes et de sujets champêtres.

Yeddo : ancien nom de Tokyo.

yprau : ypréau, nom commun du peuplier, du saule et de l'aulne.

zéphir : vent tiède et léger.